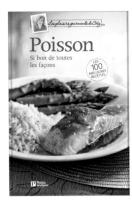

Recette de
la page couverture :

Filets de saumon, sauce au vinaigre
balsamique et érable, p. 42

Éditrice : Caty Bérubé

Directeur de la création : Éric Monette

Chef d'équipe rédaction/révision : Isabelle Roy
Chef d'équipe infographie : Lise Lapierre
Chef cuisinier : Richard Houde

Coordonnatrice à l'édition : Chantal Côté
Coordonnatrice à la production : Marie-France Mathieu
Auteurs : Caty Bérubé, Annie Boutet et Richard Houde
Révision : Priscilla Girard et Émilie Lefebvre
Assistante à la rédaction : Anne-Marie Favreau
Grille graphique : François Desjardins
Concepteurs graphiques : François Desjardins, Marie-Christine Langlois et Ariane Michaud-Gagnon
Spécialiste en traitement d'images : Yves Vaillancourt
Photographes : Rémy Germain et Martin Houde
Stylistes culinaires : Louise Bouchard, Christine Morin et Julie Morin

Collaborateurs : Manon Lanthier, Annie Maltais et Pub Photo

Ventes publicitaires

Directrice ventes et marketing : Marjolaine Bastille
Conseillers : Maxime Duchesne, Émilie Gagnon, Claudine Mailloux et Simon Robillard,
tél. : 1 866 882-0091
Coordonnateur : Simon Gagnon

Mise en marché

Directeur de la distribution : Marcel Bernatchez
Coordonnatrice abonnements et promotions : Diane Michaud
Conseillère au développement des affaires : Mylène Bernard
Chef d'équipe entrepôt : Denis Rivard
Commis d'entrepôt : Normand Simard
Distribution : Éditions Pratico-Pratiques et Messageries ADP

Administration

Présidente : Caty Bérubé
Conseillère aux ressources humaines : Mélanie Vaillancourt
Directeur administratif : Ricky Baril
Commis à la comptabilité : Lucie Landry
Technicienne à la comptabilité : Amélie Dumont
Coordonnatrice de bureau : Josée Ouellet

Impression : Solisco

Dépôt légal : 1er trimestre 2012
Bibliothèque nationale du Québec
Bibliothèque nationale du Canada
ISBN 978-2-89658-607-3

 Pratico
pratiques

1685, boulevard Talbot, Québec (Qc) G2N 0C6
Tél. : 418 877-0259 Sans frais : 1 866 882-0091
Téléc. : 418 849-4595
www.pratico-pratiques.com
Courriel : info@pratico-pratiques.com

Les plaisirs gourmands de Caty

Poisson
Si bon de toutes les façons

 Pratico pratiques

Table des matières

....

9

MES PLAISIRS
GOURMANDS

....

10

C'EST SI BON,
LE POISSON !

Remplis d'éléments nutritifs,
les poissons inspirent de belles
expériences culinaires. Ce livre
vous convie au plaisir de les
déguster sous une multitude
de formes et saveurs.

....

14

DE PETITES
« GRANDES » ENTRÉES !

Il n'y a rien comme le poisson
pour commencer en grand un
bon repas. En prime, les entrées
à base de produits de la mer se
préparent en un tour de main !

....

26

LA TRUITE
ET LE SAUMON :
TELLEMENT BONS !

Le saumon et la truite se
conjuguent à tous les accents :
à l'asiatique, à la québécoise,
à la française, à la mexicaine
ou encore à l'italienne !

....

50

DÉLICATE SOLE

Savoureuse et nutritive, la sole
se cuisine rapidement et son
goût léger se marie avec des
saveurs variées qui mettront de
la couleur dans votre assiette !

....

66

TARTARES,
GRAVLAX ET
CEVICHES : PLEINS
DE FRAÎCHEUR !

Autant de modes de préparation
qui promettent une explosion de
saveurs ! Thon, truite ou saumon :
la clé du succès réside dans la
fraîcheur du produit.

....

78

SAVOUREUX ET
POLYVALENT, LE THON

En boîte pour des repas rapides,
il règne en maître. Apprêté frais,
en steak, il prend des airs de
grandeur. Peu importe : le thon
est toujours délicieux !

....

90

TILAPIA
PASSE-PARTOUT

Poisson au goût délicat, le tilapia
se prête avec bonheur à tous
les modes de cuisson. C'est un
délicieux deux-en-un de santé
et de saveur !

....

106

POISSONS À
(RE)DÉCOUVRIR

Il suffit parfois d'un peu
d'audace pour sortir des sentiers
battus, expérimenter un poisson
inédit, redécouvrir la morue
ou encore l'aiglefin.

....

124

RÉCONFORTANTS
PÂTÉS ET FEUILLETÉS

Les plats au four font ressortir
le goût exquis du poisson.
Enveloppé dans une pâte
feuilletée, le poisson s'imprègne
de saveur pour mieux vous
faire craquer !

....

136

PÂTES À BÂBORD

Pour faire souffler un vent de
renouveau sur vos plats de pâtes,
rien de mieux qu'un savoureux
poisson. Enfin, les pâtes
prennent l'air du large !

....

150

SANDWICHS
SANS ROUTINE

Ici, le poisson ne demande
qu'à être mangé avec les doigts,
que ce soit en sandwich,
en panini, en pizza ou même
en burger !

....

162

INDEX DES RECETTES

Pour mieux apprécier le poisson

Depuis quelques années, on ne cesse de vanter les vertus du poisson. Ses apports en oméga-3 et sa grande valeur nutritive en ont fait l'aliment chouchou des spécialistes de la bonne alimentation. Les nutritionnistes recommandent d'ailleurs de manger au moins deux repas de poisson par semaine.

Pour bien des gens, intégrer au menu du poisson deux fois par semaine représente un véritable défi. Les enfants ne veulent souvent pas y goûter, cela dégage une certaine odeur dans la maison… toutes les raisons sont bonnes pour mettre le poisson de côté. Et pourtant, c'est tellement bon !

Il suffit de jeter un œil aux 100 délicieuses recettes présentées dans ce livre pour constater que les possibilités sont aussi nombreuses que savoureuses. Que ce soit en sauce, grillé, sur des pâtes, en sandwich, en généreux gratins… le poisson s'adapte à bien des modes de préparation ! On l'aime autant en mariage sucré et salé, par exemple avec du miel ou du sirop d'érable, qu'avec des sauces à la crème, aux fines herbes ou à la moutarde. En version mariné ou fumé, on adore aussi le déguster en entrée, comme prélude à notre festin du samedi soir.

Et en plus, il est vite préparé ! Comme il cuit très rapidement, le poisson est idéal pour les soirs de semaine où l'on est plus pressé par le temps. Alors, plus de raison de le bouder !

Bonne dégustation de poisson !

C'est si bon, du poisson !

Les eaux de la planète regorgent de beaux et bons poissons. Diversifiés, délicieux et reconnus pour leur apport notable en éléments nutritifs, les poissons inspirent de belles expériences culinaires. Ce livre rempli de recettes et d'idées vous convie au plaisir de déguster le poisson sous toutes ses formes et saveurs.

Traditionnellement, le poisson entre dans la cuisine de nombreux pays. Les Japonais le consomment cru, alors que les Russes le mangent fumé. Les Anglais, quant à eux, l'adorent pané. Pour les catholiques, il a longtemps été imposé le vendredi, jour d'abstinence, car sa chair maigre permettait « d'éviter les excès de luxure ». Aujourd'hui, le poisson gagne en popularité en raison de ses nombreuses vertus.

Au Québec, toutefois, le poisson figure trop peu souvent au menu, et les mêmes variétés reviennent dans l'assiette. Bien sûr, le vent d'Orient qui souffle depuis quelques années a apporté avec lui les populaires sushis, qui nous ont fait découvrir de nouveaux trésors des mers. Les étals des supermarchés se sont enrichis. Entre les espèces d'eau douce et d'eau salée, celles d'ici et d'ailleurs, l'offre s'élargit et s'étend l'année durant avec une généreuse variété de poissons frais ou surgelés, entiers ou en filets. Alors, pourquoi se limiter lorsqu'une mer de possibilités s'offre à nous ?

AH! CES OMÉGA-3…

Depuis quelques années, les nutritionnistes vantent les vertus du poisson en raison de sa richesse en oméga-3. Ces fameux acides gras sont essentiels à notre organisme et influent sur le fonctionnement des cellules de notre cerveau. C'est pourquoi la croyance populaire véhicule le fait que «manger du poisson rend intelligent».

Les oméga-3 forment également une barrière de protection naturelle pour le système cardiovasculaire. Plusieurs études avancent en effet que les oméga-3 joueraient un rôle-clé dans la prévention des maladies cardiaques. Ils agiraient aussi favorablement sur le taux de cholestérol sanguin, sur les symptômes des troubles mentaux et sur le développement du fœtus.

Comme le corps ne produit pas naturellement d'oméga-3, il importe de consommer régulièrement des aliments qui en contiennent. Le poisson s'avère alors un champion et un allié de taille! Parmi les variétés les plus riches en oméga-3, notons le saumon, le maquereau, le thon, le hareng, le flétan du Groenland et la truite arc-en-ciel.

L'ALIMENT-SANTÉ PAR EXCELLENCE

En plus d'être une excellente source d'oméga-3, le poisson offre plusieurs autres bénéfices pour la santé. En effet, cet aliment regorge de protéines de haute qualité. En règle générale, une portion de 180 g de poisson contient de 40 à 50 g de protéines. Si l'on considère qu'il faut consommer de 50 à 60 g de protéines par jour, un seul repas de poisson peut pratiquement combler notre besoin quotidien.

Selon le type de chair et sa teneur en gras, il existe trois grandes catégories de poissons: les poissons maigres avec moins de 5 % de matières grasses, les mi-gras qui en contiennent de 5 % à 10 %, et les espèces grasses, qui en contiennent plus de 10 %.

L'appellation poissons «gras» vient toutefois un peu fausser la donne, car même gras, le poisson est peu calorique. Une portion de 180 g de poisson gras contient un peu plus de 270 calories alors que le poisson mi-gras renferme de 225 à 270 calories, et le poisson maigre, de 135 à 225 calories. Ainsi, même le poisson le plus gras demeure plus maigre et plus digeste qu'une viande rouge.

Finalement, le poisson représente un bon apport en vitamines A, B et D ainsi qu'en minéraux tels que le phosphore, le magnésium, le zinc et le fer. Sa teneur en sodium demeure faible avec moins de 200 mg par portion de 180 g. Bref, il existe très peu d'aliments de son calibre pour manger sainement… et savoureusement!

Bon à savoir

Les poissons nous arrivent des quatre coins du globe, frais ou surgelés. Lorsque vous choisissez un poisson, regardez si l'étiquette porte la mention «poisson décongelé» ou les lettres F.A.S. qui signifient *Frozen at sea* (congelé en mer). Puisque ce poisson a été surgelé, il ne peut être congelé à nouveau, à moins d'être cuit au préalable. Si aucune indication n'apparaît sur l'emballage, renseignez-vous auprès de votre poissonnier.

LE BON POISSON NE SENT PAS «LE POISSON»

Évidemment, le poisson s'avère un aliment sain dans la mesure où la qualité y est. S'il est un impératif avec le poisson, c'est bien la fraîcheur! À ce titre, il importe de retenir une règle élémentaire: le poisson frais ne sent pas «le poisson». Au contraire, il dégage une odeur subtile et agréable rappelant celle de la mer.

Au supermarché ou à la poissonnerie, regardez bien le poisson avant de l'acheter. Un petit œil clair, vif et grand ouvert demeure un bon indicateur. Si les ouïes ne sont pas d'un rouge clair et ne semblent pas humides, c'est que le poisson a mis du temps avant de se retrouver en magasin.

Quant à la peau, elle ne doit être ni flasque ni terne. La chair doit vous paraître ferme et légèrement nacrée. Pour les poissons d'eau douce entiers, vous devez pouvoir observer une fine couche de mucus à la surface. Un dernier conseil: il vaut mieux acheter votre poisson en début de semaine puisque les livraisons se font à cette période. Ainsi, le poisson sera frais à souhait!

Ça sent le poisson!

Vous venez de cuisiner du poisson et des invités arrivent? Vite, sortez une poêle antiadhésive et faites chauffer à feu doux un mélange de 125 ml (½ tasse) de sucre, 5 ml (1 c. à thé) de cannelle et 15 ml (1 c. à soupe) de vanille. L'odeur indésirable du poisson fera place à des parfums de biscuits fraîchement sortis du four. Ni vu, ni connu!

Mariner avec modération

Le poisson est excellent mariné, mais tâchez de ne pas le noyer! Comme la chair tend à s'imprégner rapidement du liquide condimenté dans lequel elle baigne, il vaut mieux la faire tremper de 30 minutes à 2 heures maximum.

Du congélo au fourneau

En règle générale, vous pouvez cuisiner le poisson surgelé directement, sans attendre la décongélation. Voilà de précieuses minutes gagnées ! Vous pouvez cuire le poisson surgelé selon les techniques décrites dans ce livre, à l'exception de la méthode à la poêle ou avec un enrobage. Il faut toutefois prendre soin de doubler le temps de cuisson.

POUR UN POISSON CUIT JUSTE À POINT

Le poisson se cuisine rapidement et sans chichis, ce qui est parfait pour un repas de soir de semaine. Attention : quelques minutes de trop et il devient sec et sans goût. Qu'on se le dise, la chair fine des poissons exige le juste degré de cuisson. Et avant même de sortir la poêle ou la casserole, il faut éponger la chair pour en retirer le maximum d'humidité.

Pour un poisson entièrement décongelé, calculez environ dix minutes par 2,5 cm (1 po) d'épaisseur. En règle générale, un filet exigera de cinq à sept minutes de cuisson.

Autre indicateur : le poisson est prêt lorsque sa chair devient opaque et s'émiette aisément à la fourchette. Ne prolongez pas inutilement l'exposition à la chaleur, car la chair perdra ses sucs et sa tendreté.

Au micro-ondes… vraiment ?

Oui, la cuisson au micro-ondes est idéale pour le poisson. En effet, sa chair est meilleure si elle cuit rapidement et à puissance élevée. Le poisson conserve ainsi son humidité, sa finesse et ses atouts nutritifs. Placez vos filets en une seule couche, les plus gros vers l'extérieur. Couvrez le plat d'une pellicule plastique en relevant un coin pour libérer la vapeur.

De petites « grandes » entrées !

Il n'y a rien comme le poisson,
que ce soit le classique saumon fumé
ou une soupe au fumet salin,
pour commencer en grand
un bon repas. En prime, les entrées
à base de produits de la mer
se préparent en un tour de main
et permettent d'oser les plus
élégantes présentations !

Préparation : **15 minutes** • Quantité : **4 portions**

Tomates au saumon fumé et asperges

24 petites asperges

2 petites tomates italiennes

8 tranches de saumon fumé

1 contenant de fromage frais
(de type Boursin
Ail et fines herbes) de 150 g

1 contenant de pousses
de pois mange-tout de 100 g

1. Couper la partie ligneuse des asperges et tailler les tomates en dés. **2.** Dans une casserole d'eau bouillante salée, faire blanchir les asperges de 3 à 4 minutes. Refroidir sous l'eau très froide. Égoutter. **3.** Déposer les tranches de saumon fumé sur le plan de travail puis les tartiner avec la moitié du fromage. Répartir les pointes d'asperges et les pousses sur les tranches de saumon fumé puis rouler. **4.** Déposer deux rouleaux de saumon dans chacune des assiettes. Parsemer de dés de tomates.

Le saviez-vous ?

C'est *in* les pousses !

Autrefois qualifiées de « grano », les pousses sont maintenant devenues chic et sont même souvent en vedette dans les assiettes des chefs ! Outre la célèbre luzerne, les pousses de tournesol et de pois mange-tout exercent aussi leur charme comme garniture. Quant à ceux qui veulent ajouter un peu de piquant, ils seront servis avec les pousses de radis et d'oignon. Pour avoir une idée de leur goût, rappelez-vous que les pousses évoquent la saveur du légume à maturité : par exemple, les pousses de maïs sont douces et légèrement sucrées. Alors, n'hésitez plus à en parsemer vos plats !

Préparation : **20 minutes** • Quantité : **12 mini-rouleaux**

Mini-rouleaux à l'asiatique

1 poivron rouge

.....

1 carotte

.....

12 petites galettes
de riz pour rouleaux
de printemps de 15 cm
(6 po) de diamètre

.....

250 ml (1 tasse) de fèves germées

.....

1 contenant de pousses
de pois mange-tout de 100 g

.....

12 tranches de saumon fumé

.....

12 feuilles de menthe

.....

12 feuilles de coriandre

.....

1. Tailler le poivron et la carotte en fine julienne. 2. Dans une assiette creuse remplie d'eau tiède, faire tremper une galette de riz à la fois de 30 à 45 secondes, jusqu'à ce qu'elle ramollisse. Égoutter et déposer sur le plan de travail. 3. Au centre de la galette, déposer un peu de julienne de légumes, quelques fèves germées, quelques pousses de pois mange-tout, une tranche de saumon, une feuille de menthe et une feuille de coriandre. Replier le bas de la galette puis les côtés sur la garniture. Rouler en serrant bien afin de former un rouleau compact. Déposer les rouleaux dans une assiette, sans les superposer, et réserver au frais pendant la confection du reste des rouleaux.

J'aime avec...

Sauce au poisson

Mélanger 60 ml ($\frac{1}{4}$ de tasse) d'eau avec 15 ml (1 c. à soupe) de miel, le jus de 2 limes, 5 ml (1 c. à thé) de sauce de poisson, 5 ml (1 c. à thé) d'ail haché, $\frac{1}{2}$ carotte râpée finement et du piment fort haché au goût. Réserver 1 heure au frais. Servir avec les rouleaux.

Préparation : **25 minutes** • Temps de repos : **30 minutes** • Quantité : **24 blinis**

Bouchées de poissons fumés sur blinis

75 ml (5 c. à soupe)
d'huile de canola
.....
POUR LES BLINIS :
.....
30 ml (2 c. à soupe)
de levure sèche active
.....
15 ml (1 c. à soupe) de sucre
.....
500 ml (2 tasses)
de lait chaud
.....

250 ml (1 tasse)
de farine blanche
.....
250 ml (1 tasse)
de farine de sarrasin
.....
2 œufs
.....
Sel au goût
.....

POUR LA GARNITURE :
.....
250 ml (1 tasse) de crème sure
.....
30 ml (2 c. à soupe)
d'aneth frais haché
.....
Sel et poivre au goût
.....
2 paquets de saumon fumé
de 120 g chacun
.....
30 ml (2 c. à soupe) d'œufs
de poisson (truite, saumon…)
.....

1. Dans un bol, mélanger la levure avec le sucre et la moitié du lait chaud. Laisser reposer 15 minutes à température ambiante. 2. Dans un grand bol, mélanger les farines et verser la préparation précédente. Ajouter le reste du lait, les œufs et le sel. Fouetter jusqu'à l'obtention d'une consistance homogène. Couvrir et laisser reposer 30 minutes à température ambiante. 3. Dans une poêle, chauffer l'huile à feu moyen-élevé. Déposer 30 ml (2 c. à soupe) de pâte pour chacun des blinis. Lorsque des bulles apparaissent à la surface des blinis, retourner et cuire jusqu'à ce qu'ils soient dorés. 4. Dans un autre bol, mélanger la crème sure avec l'aneth et l'assaisonnement. 5. Au moment de servir, garnir chaque blini d'une tranche de saumon. Napper de la sauce et décorer avec les œufs de poisson.

J'aime avec…

Des œufs de poisson

Pour plus de saveur et d'originalité, décorer vos blinis avec des œufs de saumon ou de poisson volant. Essayez aussi les œufs de capelan ou de lompe, fréquemment utilisés dans la préparation des sushis. En plus d'être savoureux, ils apporteront une note de couleur et de fantaisie. Vous les trouverez dans la plupart des supermarchés et dans toutes les poissonneries.

Préparation : **10 minutes** • Cuisson : **5 minutes** • Quantité : **4 portions**

Mille-feuilles de truite

¼ de baguette de pain
(de type ficelle)
.....
30 ml (2 c. à soupe)
d'huile d'olive
.....
1 contenant de fromage
à la crème au saumon
fumé de 250 g
.....

2 paquets de truite
fumée de 70 g chacun
.....
1 courgette taillée
en fine julienne
.....

1. Préchauffer le four à 180 °C
(350 °F). **2.** Couper le pain baguette
en tranches minces. Déposer sur une
plaque de cuisson et arroser d'un filet
d'huile d'olive. Faire dorer au four de
5 à 6 minutes. **3.** Garnir les tranches
de pain d'étages de fromage à la
crème, de tranches de truite fumée
et de julienne de courgettes.

Préparation : **15 minutes** • Cuisson : **12 minutes** • Quantité : **de 4 à 6 portions**

Chaudrée de maïs et saumon

30 ml (2 c. à soupe) d'huile d'olive
.....
1 oignon haché
.....
10 ml (2 c. à thé) d'ail haché
.....
500 ml (2 tasses) de pommes
de terre coupées en dés
.....
1 poivron rouge coupé en dés
.....

1 boîte de maïs
en crème de 398 ml
.....
15 ml (1 c. à soupe) de fumet
de poisson en poudre
.....
500 ml (2 tasses) de lait
.....
500 ml (2 tasses) d'eau
.....

1 paquet de filets de saumon
surgelés de 400 g, coupés en dés
.....
1 boîte de maïs en grains
de 341 ml, égouttés
.....
Sel et poivre au goût
.....
30 ml (2 c. à soupe)
de fécule de maïs
.....

1. Dans une grande casserole, chauffer l'huile à feu moyen. Faire dorer l'oignon de 1 à 2 minute(s). 2. Ajouter l'ail, les pommes de terre, le poivron, le maïs en crème, le fumet de poisson, le lait et l'eau. Porter à ébullition à feu élevé en remuant constamment. 3. Baisser l'intensité du feu et laisser mijoter à découvert 5 minutes à feu moyen. 4. Ajouter les dés de saumon, le maïs en grains et l'assaisonnement. Cuire à découvert de 7 à 8 minutes, jusqu'à ce que les pommes de terre et le saumon soient cuits. 5. Dans un petit bol, délayer la fécule de maïs dans un peu d'eau froide. Incorporer à la soupe et remuer jusqu'à épaississement.

Préparation : **12 minutes** • Cuisson : **10 minutes** • Quantité : **4 portions**

Aumônières de truite saumonée

250 g (½ lb) de truite saumonée

½ poireau haché

2 courgettes coupées en dés

1 sac d'épinards de 170 g

15 ml (1 c. à soupe)
d'huile d'olive

60 ml (¼ de tasse)
de crème sure

Sel et poivre au goût

24 feuilles de pâte phyllo

60 ml (¼ de tasse)
de beurre fondu

1. Taller la truite en dés. Dans une casserole d'eau bouillante salée, cuire de 1 à 2 minute(s). Égoutter. **2.** Dans un bol, mélanger le poireau avec les courgettes et les épinards. Dans une poêle, chauffer l'huile à feu moyen. Cuire les légumes de 2 à 3 minutes. Retirer du feu et laisser tiédir. **3.** Dans un bol, mélanger le poisson avec les légumes et la crème sure. Assaisonner. **4.** Préchauffer le four à 180 °C (350 °F). **5.** Beurrer trois feuilles de pâte phyllo puis les superposer. Déposer la farce au centre. Refermer les feuilles de pâte de manière à former un baluchon. Répéter avec le reste des feuilles de pâte et de la farce. **6.** Déposer les baluchons sur une plaque de cuisson tapissée d'une feuille de papier parchemin. Cuire au four de 10 à 12 minutes.

Préparation : **10 minutes** • Quantité : **4 portions**

Rillettes aux deux saumons

1 contenant de fromage
à la crème de 250 g

250 ml (1 tasse) de saumon
cuit émietté

4 tranches
de saumon fumé

30 ml (2 c. à soupe)
d'aneth frais haché

15 ml (1 c. à soupe)
de ciboulette fraîche hachée

1 citron (jus)

Sel et poivre au goût

1. Dans le contenant du robot culinaire, mélanger le fromage à la crème jusqu'à l'obtention d'une pâte lisse. **2.** Incorporer le saumon émietté, le saumon fumé et les fines herbes. **3.** Assaisonner avec le jus de citron, le sel et le poivre. Réserver au frais jusqu'au moment de servir. Accompagner de pain grillé.

La truite et le saumon : tellement bons !

Le saumon et la truite

se conjuguent à tous les accents :

à l'asiatique avec une touche

de sésame, à la québécoise avec

un trait de sirop d'érable,

à la française avec des notes

de moutarde de Dijon...

Et lorsque garnie de coriandre

ou de basilic, leur chair rosée

nous transporte au Mexique

ou en Italie !

Préparation : **10 minutes** • Cuisson : **12 minutes** • Quantité : **4 portions**

Saumon à la dijonnaise

4 filets de saumon de 180 g
(environ ⅓ de lb) chacun

**POUR LES ASSAISONNEMENTS
À LA DIJONNAISE :**
60 ml (¼ de tasse) de mayonnaise
.....
15 ml (1 c. à soupe)
de moutarde de Dijon
.....

15 ml (1 c. à soupe)
de moutarde à l'ancienne
.....
15 ml (1 c. à soupe) de miel
.....
15 ml (1 c. à soupe)
de zestes de citron
.....
15 ml (1 c. à soupe) de persil séché
Sel et poivre au goût
.....

1. Préchauffer le four à 205 °C (400 °F). 2. Dans un bol, mélanger tous les ingrédients des assaisonnements. 3. Déposer les filets de saumon sur une plaque de cuisson tapissée d'une feuille de papier parchemin. Badigeonner les filets avec la préparation précédente. 4. Cuire au four environ 12 minutes, jusqu'à ce que la chair du poisson se défasse facilement à la fourchette. Servir avec les choux de Bruxelles grillés au four.

Préparation : **10 minutes** • Cuisson : **12 minutes** • Quantité : **4 portions**

Choux de Bruxelles grillés au four

60 ml (¼ de tasse) d'huile d'olive
....
2,5 ml (½ c. à thé) de curcuma
....
5 ml (1 c. à thé) de gingembre haché
....
Sel et poivre au goût
....
500 g (environ 1 lb)
de choux de Bruxelles
....

1. Préchauffer le four à 205 °C (400 °F). 2. Dans un saladier, mélanger l'huile d'olive avec le curcuma et le gingembre haché. Saler et poivrer. 3. Couper les choux de Bruxelles en deux. Ajouter dans le saladier et remuer. 4. Sur une plaque de cuisson tapissée d'une feuille de papier parchemin, déposer les choux de Bruxelles. Faire griller au four 12 minutes.

Préparation : **12 minutes** • Cuisson : **10 minutes** • Quantité : **4 portions**

Saumon au velouté de champignons

1 casseau de champignons
.....
1 citron (jus)
.....
60 ml (¼ de tasse) de beurre
.....
45 ml (3 c. à soupe) de farine
.....
375 ml (1 ½ tasse) de fumet
de poisson
.....
125 ml (½ tasse) de crème
à cuisson 15 %
.....

Sel et poivre au goût
.....
15 ml (1 c. à soupe) de ciboulette
fraîche hachée
.....
15 ml (1 c. à soupe) d'huile
de canola
.....
4 filets de saumon,
sans peau
.....

1. Dans le contenant du robot culinaire, hacher les champignons avec le jus de citron. **2.** Dans une casserole, faire fondre le beurre à feu moyen. Saupoudrer de farine et cuire 1 minute en remuant. **3.** Verser le fumet et la crème. Porter à ébullition à feu moyen, en fouettant continuellement.

4. Incorporer les champignons. Assaisonner et poursuivre la cuisson de 2 à 3 minutes. Incorporer la ciboulette. **5.** Dans une poêle, chauffer l'huile à feu moyen-élevé. Cuire les filets de saumon de 5 à 6 minutes de chaque côté. Napper de sauce aux champignons.

Le saviez-vous ?

Qu'est-ce que le fumet de poisson ?

Le fumet de poisson est un bouillon que l'on obtient en faisant mijoter arêtes, têtes de poisson, légumes, bouquet garni et vin blanc. On l'utilise principalement pour les soupes de poisson, de fruits de mer et pour les sauces. On trouve le fumet instantané en poudre sur les étagères des supermarchés et poissonneries, ce qui nous évite sa longue préparation. Simple à utiliser, il est indispensable à tout garde-manger.

Préparation : **20 minutes** • Marinage : **1 heure** • Cuisson : **14 minutes** • Quantité : **4 portions**

Pavés de saumon marinés

4 pavés de saumon
de 180 g (environ ⅓ de lb)
chacun, sans peau
.....
30 ml (2 c. à soupe)
d'huile d'olive
.....

POUR LA MARINADE :
180 ml (¾ de tasse)
de lait de coco
.....
15 ml (1 c. à soupe)
de gingembre haché
.....

15 ml (1 c. à soupe)
de zestes de lime
.....
5 ml (1 c. à thé)
d'ail haché
.....

1. Dans un sac hermétique, mélanger les ingrédients de la marinade. Ajouter le saumon et laisser mariner 1 heure au frais.
2. Au moment de la cuisson, préchauffer le four à 205 °C (400 °F). Égoutter les filets de saumon et les assécher à l'aide de papier absorbant. Jeter la marinade.

3. Dans une poêle, chauffer l'huile à feu moyen. Saisir les filets de saumon 1 minute de chaque côté.
4. Déposer sur une plaque de cuisson tapissée d'une feuille de papier parchemin et cuire au four de 12 à 15 minutes, jusqu'à ce que le poisson soit cuit. Servir avec la salsa.

Préparation : **10 minutes** • Quantité : **4 portions**

Salsa d'avocat et mangue

¼ de concombre
.....
1 mangue
.....
1 tomate italienne
.....
1 avocat
.....

45 ml (3 c. à soupe)
d'huile d'olive
.....
30 ml (2 c. à soupe)
de jus de lime
.....

30 ml (2 c. à soupe) de
coriandre fraîche hachée
.....
15 ml (1 c. à soupe) de miel
.....
Sel et poivre au goût
.....

1. Couper en petits dés le concombre, la mangue, la tomate et l'avocat.
2. Déposer dans un saladier et ajouter le reste des ingrédients de la salsa. Remuer. Réserver au frais jusqu'au moment de servir.

Préparation : **20 minutes** • Cuisson : **17 minutes** • Quantité : **4 portions**

Pavés de saumon aux crevettes et fromage en grains

4 filets de saumon de 180 g
(environ ⅓ de lb) chacun,
sans peau
.....
Sel et poivre au goût
.....
POUR LA GARNITURE :
.....
200 g de fromage en grains
.....
250 ml (1 tasse)
de crevettes nordiques
.....

30 ml (2 c. à soupe)
d'aneth frais haché
.....
15 ml (1 c. à soupe)
de persil frais haché
.....
15 ml (1 c. à soupe) d'huile d'olive
.....
15 ml (1 c. à soupe)
de zestes de citron
.....
2 oignons verts émincés
.....

1. Préchauffer le four à 205 °C (400 °F). 2. Dans un bol, mélanger les ingrédients de la garniture. 3. Huiler un plat de cuisson et y déposer les filets de saumon. Saler et poivrer. Répartir la garniture sur les filets. 4. Cuire au four de 17 à 20 minutes.

J'aime avec...

Riz citronné crémeux

Dans une poêle, chauffer 15 ml (1 c. à soupe) d'huile d'olive à feu moyen. Faire dorer 1 oignon haché 1 minute. Ajouter 250 ml (1 tasse) de riz à grains longs et cuire 30 secondes en remuant. Verser 500 ml (2 tasses) de bouillon de légumes et porter à ébullition. Ajouter 30 ml (2 c. à soupe) de zestes de citron. Saler et poivrer. Couvrir et cuire à feu doux de 18 à 20 minutes. Incorporer le contenu d'un pot de Boursin cuisine Ail et fines herbes de 245 g.

Préparation : **30 minutes** • Quantité : **4 portions**

Œufs bénédictine au saumon fumé sur röstis

POUR LES RÖSTIS (8 PORTIONS) :

3 pommes de terre

15 ml (1 c. à soupe) de ciboulette fraîche hachée

5 ml (1 c. à thé) de thym frais haché

Sel et poivre au goût

30 ml (2 c. à soupe) d'huile d'olive

POUR LA SAUCE HOLLANDAISE :

3 jaunes d'œufs

30 ml (2 c. à soupe) d'eau chaude

125 ml (½ tasse) de beurre fondu

Sel et poivre au goût

10 ml (2 c. à thé) de jus de citron

POUR LES ŒUFS :

1 litre (4 tasses) d'eau

15 ml (1 c. à soupe) de vinaigre blanc

8 œufs

8 tranches de saumon fumé

1. Peler les pommes de terre. Dans une casserole d'eau bouillante salée, blanchir les pommes de terre de 3 à 4 minutes. Égoutter et laisser tiédir. 2. À l'aide d'une râpe moyenne, râper les pommes de terre. 3. Dans un bol, mélanger tous les ingrédients des röstis, à l'exception de l'huile. 4. Dans une poêle antiadhésive, chauffer l'huile à feu moyen. Déposer environ 30 ml (2 c. à soupe) de préparation par rösti et aplatir légèrement pour former des galettes. Cuire 3 minutes de chaque côté. Répéter l'opération avec le reste de la préparation. Réserver. 5. Préparer la sauce. Déposer les jaunes d'œufs dans un bain-marie et verser graduellement l'eau chaude en fouettant. Porter à ébullition sans cesser de fouetter. Dès que la sauce est crémeuse, incorporer progressivement le beurre fondu. Assaisonner et ajouter le jus de citron. Réserver. 6. Faire pocher les œufs en suivant les étapes présentées ci-contre. 7. Au moment de garnir les assiettes, préchauffer le four à 190 °C (375 °F). Déposer les röstis sur une plaque de cuisson tapissée d'une feuille de papier parchemin. Garnir chaque galette d'une tranche de saumon fumé et d'un œuf. Napper de sauce hollandaise. Réchauffer au four 2 minutes.

C'est facile !

Faire pocher les œufs

Pour de meilleurs résultats, utilisez des œufs bien frais qui cuiront en une belle forme ronde, sans filaments. Prévoyez également une sauteuse ou un poêlon profond, une cuillère trouée et de petites tasses (à anse, de préférence).

Dans une grande casserole, verser l'eau et le vinaigre. Porter à ébullition et baisser l'intensité du feu afin que l'eau soit à peine frémissante. Cuire un maximum de quatre œufs à la fois. Casser chaque œuf dans une petite tasse, puis faire glisser l'œuf délicatement dans l'eau.

Éteindre le feu. Couvrir le poêlon et laisser cuire 4 minutes. Retirer les œufs au moyen d'une cuillère trouée et égoutter sur du papier absorbant.

Préparation : **10 minutes** • Cuisson : **20 minutes** • Quantité : **4 portions**

Filet de saumon au gratin de cheddar et goberge

1 filet de saumon
de 600 g (1 ⅓ lb)
ou 4 filets de 180 g
(environ ⅓ de lb) chacun
....
Sel et poivre au goût
....
150 g (⅓ de lb)
de goberge à saveur
de crabe
....

125 ml (½ tasse)
de cheddar râpé
....
30 ml (2 c. à soupe)
d'aneth frais haché
....
1 oignon vert émincé
....
15 ml (1 c. à soupe)
d'huile d'olive
....

1. Préchauffer le four à 205 °C
(400 °F). 2. Déposer le filet de
saumon dans un plat allant au
four. Assaisonner. 3. Dans un
bol, effilocher la goberge. Ajouter
le cheddar, l'aneth et l'oignon vert.
Mélanger et répartir sur le saumon.
Arroser d'un filet d'huile. 4. Cuire
au four de 20 à 25 minutes.

Préparation : **10 minutes** • Cuisson : **10 minutes** • Quantité : **4 portions**

Filets de saumon en croûte de sésame et amandes

30 ml (2 c. à soupe)
de graines de sésame
....
60 ml (¼ de tasse)
d'amandes hachées
....
Sel et poivre au goût
....
4 filets de saumon de 180 g
(environ ⅓ de lb) chacun
....
45 ml (3 c. à soupe)
de sirop d'érable ou de miel
....

POUR LA SAUCE :
....
125 ml (½ tasse)
de crème sure légère
....
30 ml (2 c. à soupe)
de ciboulette fraîche hachée
....
15 ml (1 c. à soupe)
de zestes d'orange
....
Sel et poivre au goût
....

1. Préchauffer le four à 205 °C (400 °F). 2. Dans une assiette creuse, mélanger les graines de sésame avec les amandes et l'assaisonnement. 3. Déposer les filets sur une plaque de cuisson munie d'une feuille de papier parchemin. Badigeonner les filets de sirop d'érable et couvrir la chair du mélange aux graines de sésame. 4. Cuire au four 10 minutes. 5. Pendant ce temps, mélanger dans un bol les ingrédients de la sauce. Servir avec le saumon.

Préparation : **20 minutes** • Cuisson : **10 minutes** • Quantité : **4 portions**

Papillotes de saumon au brie

2 carottes

....

½ poireau

....

2 branches de céleri

....

250 ml (1 tasse) de pleurotes

....

15 ml (1 c. à soupe)
de persil frais haché

....

15 ml (1 c. à soupe)
de ciboulette fraîche hachée

....

30 ml (2 c. à soupe)
d'huile d'olive

....

1 citron

....

Sel et poivre au goût

....

4 filets de saumon
de 180 g (environ ⅓ de lb)
chacun

....

125 g de brie

....

1. Préchauffer le four à 230 °C (450 °F). **2.** Tailler les légumes en julienne. **3.** Dans un bol, mélanger les légumes avec les fines herbes, l'huile, le jus du citron et l'assaisonnement. **4.** Découper quatre feuilles de papier parchemin de 30 cm x 30 cm (12 po x 12 po). Sur chacune des feuilles, déposer le quart de la julienne de légumes, un filet de saumon et une tranche de brie. Replier les feuilles de papier parchemin de manière à former des papillotes étanches. **5.** Déposer les papillotes sur une plaque de cuisson. Cuire au four de 10 à 15 minutes.

Préparation : **10 minutes** • Cuisson : **20 minutes** • Quantité : **4 portions**

Tacos à la truite saumonée et salsa fruitée

POUR LES TACOS :

680 g (1 ½ lb) de filets
de truite saumonée
.....
1 oignon haché
.....
30 ml (2 c. à soupe) de jus de lime
.....
30 ml (2 c. à soupe) d'huile d'olive
.....
Sel et poivre au goût
.....
8 coquilles à tacos
.....

Quelques feuilles
de laitue frisée verte
.....
POUR LA CRÈME PARFUMÉE :

180 ml (¾ de tasse) de crème sure
.....
15 ml (1 c. à soupe)
de zestes de lime
.....
5 ml (1 c. à thé) d'épices à tacos
(de type Old El Paso)
.....

POUR LA SALSA FRUITÉE :
.....
250 ml (1 tasse)
de mangue coupée en dés
.....
60 ml (¼ de tasse) de coriandre
fraîche hachée (facultatif)
.....
30 ml (2 c. à soupe) d'huile d'olive
.....
2 tomates coupées en dés
.....
Sel et poivre au goût
.....

1. Préchauffer le four à 205 °C (400 °F). **2.** Déposer les filets de truite sur une plaque de cuisson tapissée d'une feuille de papier parchemin. Parsemer d'oignon, saler et poivrer. Arroser de jus de lime et d'un filet d'huile. **3.** Cuire au four 20 minutes. **4.** Pendant ce temps, mélanger dans un bol les ingrédients de la crème sure parfumée. **5.** Dans un autre bol, mélanger les ingrédients de la salsa. **6.** À l'aide d'une fourchette, défaire les filets de truite en morceaux. **7.** Garnir les coquilles à tacos de laitue frisée, de truite, de salsa et de crème sure parfumée.

Préparation : **10 minutes** • Cuisson : **12 minutes** • Quantité : **4 portions**

Filets de saumon, sauce au vinaigre balsamique et érable

4 filets de saumon, sans peau
.....
60 ml (¼ de tasse)
d'échalotes sèches hachées
.....
30 ml (2 c. à soupe)
de vinaigre balsamique
.....

60 ml (¼ de tasse)
de sirop d'érable
.....
125 ml (½ tasse) de vinaigrette
aux tomates séchées et ail rôti
.....
30 ml (2 c. à soupe) d'huile d'olive
.....

1. Préchauffer le four à 205 °C (400 °F). **2.** Déposer les filets de saumon sur une plaque de cuisson tapissée d'une feuille de papier parchemin. Badigeonner les filets avec 15 ml (1 c. à soupe) d'huile d'olive. Saler et poivrer. Cuire au four 12 minutes. **3.** Dans une casserole, chauffer le reste de l'huile d'olive à feu moyen. Cuire les échalotes 1 minute. **4.** Verser le vinaigre balsamique, le sirop d'érable et la vinaigrette. Porter à ébullition. Napper les filets de sauce.

Préparation : **25 minutes** • Réfrigération : **12 heures** • Cuisson : **45 minutes** • Quantité : **4 portions**

Stratta au saumon et légumes

2 poivrons orange
.....
2 petites courgettes
.....
1 oignon rouge
.....
2 tomates
.....
8 tranches de pain multigrain,
la croûte enlevée
.....
6 œufs
.....

250 ml (1 tasse) de lait
.....
15 ml (1 c. à soupe)
de moutarde de Dijon
.....
125 ml (½ tasse) de crème
à cuisson 15 %
.....
30 ml (2 c. à soupe)
de persil frais haché
.....

15 ml (1 c. à soupe) de ciboulette
fraîche hachée
.....
Sel et poivre au goût
.....
1 paquet de saumon
fumé de 140 g
.....
250 ml (1 tasse)
de mozzarella râpée
.....

1. La veille, émincer les légumes.
2. Dans un bol, fouetter les œufs avec le lait, la moutarde, la crème, les fines herbes et l'assaisonnement.
3. Huiler un plat à gratin carré de 23 cm (9 po). 4. Déposer quatre tranches de pain au fond du plat. Répartir les poivrons, les courgettes, l'oignon et les tomates sur le pain, de façon à former des étages. Ajouter le saumon fumé et la moitié du fromage. Verser la moitié de la préparation liquide. Couvrir avec les autres tranches de pain. Parsemer du reste du fromage. Verser le reste de la préparation liquide. Couvrir d'une pellicule plastique et réfrigérer de 12 à 24 heures.
5. Au moment de la cuisson, préchauffer le four à 190 °C (375 °F). Cuire au four de 45 à 60 minutes. Au besoin, couvrir d'une feuille de papier d'aluminium à mi-cuisson. Laisser reposer 10 minutes avant de servir.

Préparation : **15 minutes** • Marinage : **15 minutes** • Cuisson : **6 minutes** • Quantité : **4 portions**

Darnes de saumon aux tomates séchées

125 ml (½ tasse) de vin blanc
.....
1 citron (jus)
.....
45 ml (3 c. à soupe) d'huile d'olive
.....
45 ml (3 c. à soupe) de tomates
séchées hachées
.....
15 ml (1 c. à soupe)
de thym frais haché
.....

30 ml (2 c. à soupe) d'échalotes
sèches hachées
.....
1 feuille de laurier
.....
½ piment fort haché
.....
Sel et poivre au goût
.....
4 darnes de saumon
.....

1. Dans un sac hermétique, mélanger le vin avec le jus de citron, 30 ml (2 c. à soupe) d'huile d'olive, les tomates séchées, le thym, les échalotes sèches, la feuille de laurier et le piment fort. Saler et poivrer. 2. Ajouter les darnes de saumon dans la marinade. Laisser mariner de 15 à 30 minutes au frais. 3. Au moment de la cuisson, égoutter les darnes au-dessus d'une casserole afin de récupérer la marinade. Porter la marinade à ébullition et laisser mijoter à feu moyen-élevé de 5 à 8 minutes. 4. Pendant ce temps, chauffer le reste de l'huile d'olive à feu moyen dans une poêle striée. Cuire les darnes de saumon de 3 à 4 minutes de chaque côté. Servir avec la marinade comme sauce d'accompagnement.

Préparation : **10 minutes** • Trempage : **30 minutes** • Marinage : **30 minutes**
Cuisson : **20 minutes** • Quantité : **de 4 à 6 portions**

Saumon sur planche de cèdre

1 filet de saumon
de 1 kg (environ 2 lb)
.....
Quelques tiges de romarin
.....
1 planche de cèdre
.....
POUR LA MARINADE :
.....
30 ml (2 c. à soupe)
de moutarde de Dijon
.....

30 ml (2 c. à soupe)
de ketchup
.....
15 ml (1 c. à soupe)
de romarin frais haché
.....
10 ml (2 c. à thé)
de câpres, égouttées
.....
15 ml (1 c. à soupe)
d'huile de canola
.....

1. Faire tremper la planche de cèdre dans l'eau pendant environ 30 minutes avant la cuisson.
2. Pendant ce temps, mélanger tous les ingrédients de la marinade ensemble et étaler sur le saumon. Réfrigérer et laisser mariner 30 minutes. **3.** Au moment de la cuisson, préchauffer le four à 205 °C (400 °F). Placer le saumon sur la planche de cèdre et déposer sur la grille. Cuire au four de 20 à 25 minutes.

Préparation : **25 minutes** • Cuisson : **25 minutes** • Quantité : **de 4 à 6 portions**

Tartiflette au saumon et poireaux

6 pommes de terre
pour cuisson au four
(blanche longue, jaune, Russet...)
.....
30 ml (2 c. à soupe) de beurre
.....
1 sac de poireaux
émincés de 250 g
.....

1 contenant de fromage
à la crème au saumon
fumé de 250 g
.....
125 ml (½ tasse) de lait
.....
250 ml (1 tasse) de crème
à cuisson 15 %
.....

1 paquet de filets de saumon
surgelés de 454 g (de type High
Liner), décongelé et coupé
en cubes ou 454 g (1 lb) de filets
de saumon, sans peau
.....
250 ml (1 tasse)
de mozzarella râpée
.....

1. Préchauffer le four à 190 °C (375 °F). **2.** Couper les pommes de terre en tranches minces. Dans une casserole d'eau bouillante salée, cuire de 8 à 10 minutes en prenant soin de les garder croquantes. Égoutter. **3.** Dans une autre casserole, faire fondre le beurre à feu moyen. Cuire les poireaux de 3 à 4 minutes, sans les colorer. **4.** Incorporer le fromage à la crème avec le lait et la crème. Porter à ébullition en remuant. Retirer du feu et incorporer les cubes de saumon et les pommes de terre en remuant délicatement. **5.** Répartir uniformément la préparation dans un plat à gratin de 33 cm x 23 cm (13 po x 9 po). Couvrir de fromage. Cuire au four de 25 à 30 minutes.

Préparation : **25 minutes** • Cuisson : **10 minutes** • Quantité : **4 portions**

Salade de pommes de terre à la truite fumée et sarriette

5 à 6 pommes de terre

80 ml (⅓ de tasse) d'huile d'olive

45 ml (3 c. à soupe) de vinaigre de cidre

15 ml (1 c. à soupe) de câpres, égouttées

45 ml (3 c. à soupe) d'échalotes sèches hachées

30 ml (2 c. à soupe) de persil frais haché

45 ml (3 c. à soupe) de sarriette fraîche hachée

Sel et poivre au goût

5 feuilles de laitue frisée

1 paquet de truite fumée de 120 g

1. Peler et couper les pommes de terre en cubes de 2,5 cm (1 po). Déposer dans une casserole. Couvrir d'eau froide, saler et porter à ébullition. Cuire de 10 à 12 minutes, jusqu'à ce que les pommes de terre soient *al dente*. Égoutter et laisser tiédir. 2. Dans un bol, fouetter l'huile avec le vinaigre. Ajouter les câpres, les échalotes, le persil et la sarriette. Assaisonner. 3. Déposer les pommes de terre refroidies dans un saladier. Verser la moitié de la vinaigrette. Remuer délicatement pour enrober les pommes de terre. 4. Dans une assiette de service, disposer les feuilles de laitue. Garnir de la salade de pommes de terre et des tranches de truite fumée. Napper du reste de la vinaigrette.

Préparation : **12 minutes** • Marinage : **2 heures** • Cuisson : **12 minutes** • Quantité : **4 portions**

Brochettes
de saumon wasabi

180 ml (¾ de tasse) de vin blanc

30 ml (2 c. à soupe) d'échalotes sèches hachées

10 ml (2 c. à thé) de gingembre haché

30 ml (2 c. à soupe) de sauce soya

720 g (environ 1 ½ lb) de saumon coupé en cubes

16 champignons shiitake équeutés

250 ml (1 tasse) de crème sure

15 ml (1 c. à soupe) de poudre de wasabi

30 ml (2 c. à soupe) de ciboulette fraîche hachée

1. Dans une casserole, porter à ébullition le vin blanc avec les échalotes, le gingembre et la sauce soya. Retirer du feu et laisser tiédir. 2. Incorporer les cubes de saumon et les champignons. Laisser mariner de 2 à 3 heures au réfrigérateur. 3. Au moment de la cuisson, préchauffer le four à 205 °C (400 °F) ou le barbecue à puissance moyenne-élevée. Égoutter le saumon et jeter la marinade. Piquer les cubes de saumon et les champignons sur des brochettes. Pour la cuisson au four, déposer les brochettes sur une plaque de cuisson tapissée d'une feuille de papier parchemin et cuire de 12 à 15 minutes. Au barbecue, cuire de 10 à 12 minutes. 4. Dans un bol, mélanger la crème sure avec la poudre de wasabi et la ciboulette. Servir avec les brochettes de saumon et champignons.

Préparation : **15 minutes** • Cuisson : **10 minutes** • Quantité : **4 portions**

Saumon aux poires caramélisées

3 poires

4 filets de saumon de 180 g
(environ ⅓ de lb) chacun,
sans peau

30 ml (2 c. à soupe) de miel

10 ml (2 c. à thé)
de gingembre frais haché

15 ml (1 c. à soupe)
de zestes de citron

15 ml (1 c. à soupe)
d'huile d'olive

45 ml (3 c. à soupe)
de jus de citron

1. Préchauffer le four à 190 °C (375 °F). **2.** Peler et couper les poires en quartiers. **3.** Dans une poêle allant au four, chauffer l'huile à feu moyen. Saisir les filets de saumon 1 minute de chaque côté. Transférer les filets sur une plaque de cuisson tapissée d'une feuille de papier parchemin.

4. Dans la même poêle, verser le miel et porter à ébullition. Ajouter les poires, le gingembre et les zestes. Faire caraméliser puis verser le jus de citron. **5.** Répartir la préparation aux poires sur les filets de saumon. Saler et poivrer. Cuire au four de 10 à 12 minutes.

Délicate sole

La sole est le poisson idéal pour
les soirs de semaine. Savoureuse
et nutritive, sa chair blanche
ne se limite plus aux bâtonnets
surgelés! Elle se cuisine
rapidement et son goût léger
se marie avec des saveurs variées
qui mettront de la couleur dans
votre assiette en 30 minutes
ou moins!

Préparation : **20 minutes** • Cuisson : **15 minutes** • Quantité : **4 portions**

Filets de sole à la provençale

30 ml (2 c. à soupe) d'huile d'olive
.....
1 oignon haché
.....
10 ml (2 c. à thé) d'ail haché
.....
1 boîte de sauce tomate de 680 ml
.....
4 tomates taillées en dés
.....
Sel et poivre au goût
.....

1 sac de légumes méditerranéens
surgelés de 500 g
.....
45 ml (3 c. à soupe)
de basilic frais haché
.....
500 ml (2 tasses) d'épinards
.....
8 filets de sole
.....

1. Préchauffer le four à 190 °C (375 °F). 2. Dans une casserole, chauffer l'huile à feu moyen. Faire dorer l'oignon de 1 à 2 minute(s). 3. Ajouter l'ail, la sauce tomate, les tomates et l'assaisonnement. Porter à ébullition et laisser mijoter à découvert 10 minutes à feu doux. 4. Incorporer les légumes surgelés et le basilic. Verser la préparation dans un grand plat allant au four. 5. Déposer quelques feuilles d'épinards sur chacun des filets de sole. Rouler les filets en serrant bien et déposer sur la sauce. Couvrir d'une feuille de papier d'aluminium et cuire au four de 15 à 20 minutes.

J'aime parce que...

La sole, c'est santé !

Poisson maigre et facile à digérer, la sole contient à peine 70 calories par 100 g. En optant pour la cuisson au four ou à la vapeur, on peut en consommer plusieurs fois par semaine. Riche en protéines de haute qualité, la sole fournit aussi du phosphore, du magnésium, du zinc, du sélénium, de l'iode et du fer. Autant d'attributs pour préparer des repas délicieux, diététiques et énergétiques !

Préparation : **20 minutes** • Cuisson : **17 minutes** • Quantité : **4 portions**

Turbans de sole et coulis de poivrons grillés

8 filets de sole
.....
15 ml (1 c. à soupe) d'huile d'olive
.....
Sel et poivre au goût
.....
POUR LE COULIS DE POIVRONS :
.....
30 ml (2 c. à soupe) d'huile d'olive
.....
1 oignon émincé
.....

15 ml (1 c. à soupe) d'ail haché
.....
30 ml (2 c. à soupe) de pesto
aux tomates séchées
.....
250 ml (1 tasse) de poivrons rôtis,
rincés et égouttés
.....
375 ml (1 ½ tasse)
de bouillon de légumes
.....

1. Préparer le coulis en faisant chauffer l'huile à feu moyen dans une casserole. Faire dorer l'oignon 2 minutes. Ajouter l'ail, le pesto et les poivrons rôtis. Cuire 3 minutes. **2.** Verser le bouillon et laisser mijoter à découvert de 8 à 10 minutes, à feu moyen. **3.** Pendant ce temps, préchauffer le four à 205 °C (400 °F). Tapisser une plaque de cuisson d'une feuille de papier parchemin. **4.** Rouler les filets de sole. Déposer sur la plaque, joint dessous. Arroser d'un filet d'huile, saler et poivrer. **5.** Cuire au four de 4 à 5 minutes. **6.** Si désiré, réduire la sauce aux poivrons en purée à l'aide du mélangeur électrique. Servir avec les filets de sole.

J'aime avec...

Riz aux légumes

Couper en dés ½ poivron jaune et 1 carotte. Dans une casserole, chauffer 15 ml (1 c. à soupe) d'huile d'olive. Faire dorer 1 oignon haché. Ajouter le poivron, la carotte, 15 haricots verts coupés en morceaux et 250 ml (1 tasse) de pois verts. Ajouter 250 ml (1 tasse) de riz, 500 ml (2 tasses) de bouillon de légumes et 1 pincée de thym séché. Saler et poivrer. Couvrir et cuire au four de 15 à 20 minutes à 205 °C (400 °F), jusqu'à évaporation complète du liquide.

Préparation : **20 minutes** • Cuisson : **15 minutes** • Quantité : **4 portions**

Fish'n chips « santé »

450 g (1 lb) de filets de sole

125 ml (½ tasse)
de farine de blé entier

3 œufs

125 ml (½ tasse) de lait

125 ml (½ tasse)
de germe de blé

125 ml (½ tasse) de flocons
d'avoine

60 ml (¼ de tasse) de poudre
d'amandes

5 ml (1 c. à thé) de thym frais haché

30 ml (2 c. à soupe)
d'huile d'olive

Sel et poivre au goût

1. Préchauffer le four à 190 °C (375 °F). 2. Tailler les filets de sole en lanières d'environ 2,5 cm (1 po) de large. 3. Préparer trois assiettes creuses. Dans la première, verser la farine. Dans la deuxième, fouetter les œufs avec le lait. Dans la troisième, mélanger le germe de blé, les flocons d'avoine, la poudre d'amandes et le thym. Fariner les lanières de sole. Tremper dans le mélange d'œufs battus, puis enrober de germe de blé et de flocons d'avoine. 4. Déposer les lanières de sole sur une plaque de cuisson tapissée d'une feuille de papier parchemin. Arroser d'un filet d'huile. Saler et poivrer. Cuire au four de 15 à 20 minutes. Servir avec la sauce tartare.

J'aime avec...

Sauce tartare

Dans un bol, mélanger 250 ml (1 tasse) de mayonnaise avec 15 ml (1 c. à soupe) de persil frais haché, 15 ml (1 c. à soupe) d'échalotes sèches hachées, 15 ml (1 c. à soupe) de cornichons hachés et 5 ml (1 c. à thé) de câpres.

Préparation : **10 minutes** • Cuisson : **6 minutes** • Quantité : **4 portions**

Filets de sole amandine

4 filets de sole

Sel et poivre au goût

80 ml (⅓ de tasse) de beurre

125 ml (½ tasse) d'amandes effilées

30 ml (2 c. à soupe)
de persil frais haché

1 citron (jus et zeste)

1. Préchauffer le four à 190 °C (375 °F). **2.** Déposer les filets de sole sur une plaque de cuisson tapissée d'une feuille de papier parchemin. Saler et poivrer. Cuire au four de 6 à 7 minutes. **3.** Pendant ce temps, chauffer le beurre à feu moyen dans une petite casserole. Faire dorer les amandes 1 minute. Ajouter le persil, le jus et le zeste du citron. Assaisonner. Chauffer la préparation jusqu'aux premiers bouillons. **4.** Napper les filets de sole de la préparation.

Préparation : **15 minutes** • Cuisson : **20 minutes** • Quantité : **4 portions**

Roulades de sole au saumon fumé

1 paquet de saumon
fumé de 140 g
.....
8 filets de sole
.....
1 contenant de bruschetta
aux poivrons doux (de type
Sardo) de 250 ml, égouttée
.....

180 ml (¾ de tasse) de lait
.....
1 contenant
de fromage à la crème
aux tomates confites
et basilic de 250 g
.....

1. Préchauffer le four à 205 °C (400 °F). **2.** Déposer une tranche de saumon fumé sur chacun des filets de sole. Garnir de bruschetta et rouler. **3.** Sur une plaque de cuisson tapissée d'une feuille de papier parchemin, déposer les filets de sole roulés, joint dessous. Couvrir d'une feuille de papier d'aluminium et cuire au four 20 minutes. **4.** Dans une casserole, porter à ébullition le lait et le fromage à la crème à feu moyen. **5.** Au moment de servir, napper les filets de sole de sauce.

Préparation : **20 minutes** • Cuisson : **13 minutes** • Quantité : **4 portions**

Papillotes de sole sur lit d'épinards et champignons

8 filets de sole
.....
POUR LA GARNITURE :
.....
15 ml (1 c. à soupe)
d'huile d'olive
.....
1 oignon haché
.....
12 champignons émincés
.....

1 contenant de bébés
épinards de 142 g
.....
Sel et poivre au goût
.....
125 ml (½ tasse) de crème
à cuisson 15 %
.....
15 ml (1 c. à soupe)
de moutarde à l'ancienne
.....

1. Dans une poêle, chauffer l'huile à feu moyen. Saisir l'oignon et les champignons 2 minutes. 2. Ajouter les épinards. Cuire 1 minute en remuant. Assaisonner. 3. Incorporer la crème et la moutarde. Remuer et retirer du feu. 4. Tailler quatre feuilles de papier parchemin. Plier chacune des feuilles en deux, puis les ouvrir. Déposer 2 filets de sole sur chacune des feuilles, près du pli. Napper chacune des portions de sauce. Fermer les feuilles sur la garniture puis sceller les papillotes en repliant le papier. Déposer les papillotes sur une plaque de cuisson. 5. Cuire au four de 13 à 15 minutes, selon l'épaisseur du poisson, jusqu'à ce que les papillotes soient bien gonflées.

Préparation : **15 minutes** • Cuisson : **10 minutes** • Quantité : **4 portions**

Roulés de sole aux crevettes

375 ml (1 ½ tasse)
de crevettes nordiques
·····
30 ml (2 c. à soupe) de ciboulette
fraîche hachée
·····
10 ml (2 c. à thé)
de zestes de citron
·····
8 filets de sole
·····
1 contenant de fromage à la crème
au saumon fumé de 250 g
·····
80 ml (⅓ de tasse) de lait
·····

1. Dans un bol, mélanger les crevettes avec la ciboulette et les zestes de citron. 2. Répartir la préparation sur la base des filets de sole et les rouler en serrant au fur et à mesure. 3. Dans une poêle, chauffer le fromage à la crème avec le lait à feu doux-moyen, jusqu'à ce que le fromage soit fondu. 4. Déposer les filets de sole dans la poêle, joint dessous. Couvrir et cuire de 10 à 12 minutes.

Préparation : **10 minutes** • Cuisson : **8 minutes** • Quantité : **4 portions**

Filets de sole moutarde et abricot

60 ml (¼ de tasse)
de confiture d'abricots

15 ml (1 c. à soupe)
de moutarde à l'ancienne

5 ml (1 c. à thé)
de moutarde de Dijon

15 ml (1 c. à soupe)
de ciboulette fraîche hachée

15 ml (1 c. à soupe)
de persil frais haché

10 ml (2 c. à thé)
de zestes de citron

Sel et poivre au goût

15 ml (1 c. à soupe)
d'huile d'olive

8 filets de sole

1. Préchauffer le four à 205 °C (400 °F). 2. Dans un bol, mélanger la confiture d'abricots avec les moutardes, la ciboulette, le persil et les zestes. Saler et poivrer. 3. Tapisser une plaque de cuisson d'une feuille de papier parchemin et badigeonner la feuille d'huile. Déposer les filets de sole sur la plaque et napper de la préparation aux abricots. 4. Cuire au four de 8 à 10 minutes.

Préparation : **10 minutes** • Cuisson : **15 minutes** • Quantité : **4 portions**

Filets de sole à la crème de poivrons et champignons

8 filets de sole
.....
30 ml (2 c. à soupe) d'huile d'olive
.....
1 oignon haché
.....
8 champignons coupés en quatre
.....

1 boîte de crème de poivrons doux grillés et tomates (de type Gardenay) de 500 ml
.....
250 ml (1 tasse) de mozzarella râpée
.....

1. Préchauffer le four à 205 °C (400 °F). Beurrer un plat allant au four. **2.** Rouler les filets de sole et les déposer dans le plat. **3.** Dans une poêle, chauffer l'huile à feu moyen. Saisir l'oignon et les champignons de 1 à 2 minute(s). **4.** Verser la crème de poivrons. Chauffer à feu moyen de 2 à 3 minutes. **5.** Napper les filets de crème de poivrons et parsemer de mozzarella. Cuire au four de 15 à 18 minutes.

Préparation : **15 minutes** • Cuisson : **20 minutes** • Quantité : **4 portions**

Étagé de sole trois couleurs

2 carottes
.....
2 panais
.....
2 courgettes
.....
½ botte de chou de kale
(ou ½ chou de Savoie)
.....
60 ml (¼ de tasse) d'huile d'olive
.....

Sel et poivre au goût
.....
1 oignon émincé
.....
680 g (1 ½ lb)
de filets de sole
.....
250 ml (1 tasse)
de fromage suisse râpé
.....

1. Préchauffer le four à 205 °C (400 °F). **2.** Couper les carottes, les panais et les courgettes en julienne. Émincer les feuilles de chou. **3.** Dans une poêle, chauffer 30 ml (2 c. à soupe) d'huile à feu moyen. Cuire le chou 3 minutes et assaisonner. Étaler le chou dans un moule à gratin de 20 cm (8 po). **4.** Dans la même poêle, chauffer le reste de l'huile à feu moyen. Faire dorer l'oignon de 1 à 2 minute(s). Ajouter les légumes et cuire de 3 à 5 minutes. Assaisonner. **5.** Répartir les filets de sole sur le chou. Disposer les légumes sur la sole. Parsemer du fromage suisse. Cuire au four de 20 à 25 minutes.

Préparation : **15 minutes** • Cuisson : **10 minutes** • Quantité : **4 portions**

Filets de sole aux tomates et fines herbes

30 ml (2 c. à soupe) d'huile d'olive
.....
1 oignon haché
.....
3 tomates italiennes
coupées en cubes
.....
80 ml (⅓ de tasse)
de vin blanc sec
.....

8 filets de sole
.....
30 ml (2 c. à soupe)
de basilic frais émincé
.....
15 ml (1 c. à soupe)
d'aneth frais haché
.....
Sel et poivre au goût
.....

1. Dans une casserole, chauffer l'huile à feu moyen. Saisir l'oignon de 1 à 2 minute(s). **2.** Ajouter les tomates et le vin blanc. Porter à ébullition. **3.** Rouler les filets de sole et les déposer sur la préparation aux tomates. Parsemer les filets de poisson de fines herbes. Saler et poivrer. Couvrir et cuire à feu moyen de 10 à 12 minutes.

Tartares, gravlax et ceviches : pleins de fraîcheur !

Tartare, gravlax, ceviche... autant

de mots délicieux qui promettent

une explosion de saveurs !

Ces modes de préparation,

avec l'aide des agrumes ou du sel,

permettent au poisson d'exprimer

toute sa finesse. Qu'il s'agisse

de thon, de truite ou de saumon,

la clé du succès réside dans

la fraîcheur du produit.

Préparation : **30 minutes** • Quantité : **12 bouchées**

Tartare de thon sur croustillants de wonton

POUR LES CROUSTILLANTS DE WONTON :
.....
250 ml (1 tasse) d'huile de canola
.....
6 feuilles de pâtes à wontons
(de type Wong wing), décongelées
.....
POUR LE TARTARE :
.....
225 g (½ lb) de thon frais,
taillé en petits dés
.....
30 ml (2 c. à soupe) de ciboulette
fraîche hachée
.....

15 ml (1 c. à soupe) de jus de lime
.....
15 ml (1 c. à soupe) d'huile
de sésame (non grillé)
.....
15 ml (1 c. à soupe) de coriandre
fraîche hachée
.....
15 ml (1 c. à soupe) de graines
de sésame rôties
.....
Sel et poivre du moulin
au goût
.....

1. Dans une petite casserole, chauffer l'huile à feu moyen.
2. Couper les feuilles de pâte à wontons en deux en diagonale afin d'obtenir 12 triangles. 3. Frire les triangles de pâte dans l'huile très chaude environ 15 secondes de chaque côté, jusqu'à ce qu'ils soient dorés. Égoutter sur du papier absorbant et laisser tiédir. 4. Dans un bol, mélanger les ingrédients du tartare et réserver au frais. Au moment de servir, garnir les triangles de pâte de tartare.

J'aime aussi...

En cuillères

Vous pouvez aussi présenter ces bouchées dans de jolies cuillères. Pour ce faire, couper les feuilles de pâte en lanières et frire de 15 à 20 secondes. Égoutter sur du papier absorbant et laisser tiédir. Au moment de servir, répartir le tartare dans les cuillères et parsemer de lanières de pâte frites.

Préparation : **30 minutes** • Saumurage : **12 heures** • Quantité : **de 25 à 30 tranches**

Gravlax de saumon

1 filet de saumon de 1 kg
(2,2 lb), sans peau
.....
30 ml (2 c. à soupe) de gin
.....
POUR LA SAUMURE :
60 ml (¼ de tasse)
de gros sel
.....
30 ml (2 c. à soupe) de sucre
.....
30 ml (2 c. à soupe)
de zestes de citron
.....

30 ml (2 c. à soupe)
de zestes de lime
.....
30 ml (2 c. à soupe)
d'aneth frais haché
.....
30 ml (2 c. à soupe)
de persil frais haché
.....
10 ml (2 c. à thé)
de poivre noir concassé
.....
10 ml (2 c. à thé)
de poivre rose en grains
.....

1. Nettoyer et éponger le filet de saumon. Au besoin, retirer les arêtes visibles. 2. Placer le filet sur une grille. Déposer la grille dans un plat creux et badigeonner la chair de gin. 3. Dans un bol, mélanger tous les ingrédients de la saumure et étaler sur le saumon.

Couvrir d'une pellicule plastique et réfrigérer de 12 à 24 heures. 4. Au moment de servir, enlever complètement la saumure et rincer le filet sous l'eau froide. Assécher avec du papier absorbant. Servir le gravlax avec des croûtons de pain.

Le saviez-vous ?

Le gravlax

Dans cette recette, classique de la cuisine scandinave, le poisson « cuit » directement dans la saumure. Après avoir placé le filet de saumon sur une grille, on le dépose dans un plat creux ou sur une plaque de cuisson, puis on le couvre d'un mélange de sel et d'aromates. Pratique pour recevoir, le saumon ainsi saumuré peut être préparé jusqu'à deux jours à l'avance... et c'est un véritable régal !

Préparation : **25 minutes** • Macération : **24 heures** • Congélation : **1 heure** • Quantité : **4 portions**

Trio de carpaccios

250 g (environ ½ lb) de filets
de saumon, coupés
dans la partie la plus épaisse
.....
250 g (environ ½ lb)
de steaks de thon
.....
250 g (environ ½ lb)
de filets de mahi-mahi

POUR LA SAUCE ITALIENNE :
.....
60 ml (¼ de tasse) d'huile d'olive
.....
30 ml (2 c. à soupe)
de vinaigre balsamique
.....

15 ml (1 c. à soupe) de pesto
aux tomates séchées
.....
5 ml (1 c. à thé)
de poivre concassé
.....
POUR LA SAUCE HAWAÏENNE :
60 ml (¼ de tasse) de lait
de coco non sucré
.....
15 ml (1 c. à soupe)
d'huile de canola
.....
15 ml (1 c. à soupe) de coriandre
fraîche hachée
.....

1 lime (jus)
.....
¼ de mangue coupée
en petits dés
.....
POUR LA SAUCE ASIATIQUE :
60 ml (¼ de tasse)
de sauce soya
.....
30 ml (2 c. à soupe) de miel
.....
15 ml (1 c. à soupe)
de gingembre haché
.....
15 ml (1 c. à soupe)
de poivre du Sichuan
.....

1. La veille, préparer les trois sauces et laisser mariner 24 heures au frais dans des contenants hermétiques. **2.** Le lendemain, envelopper individuellement chacun des morceaux de poisson dans une pellicule plastique. Faire congeler 1 heure. **3.** Émincer finement chacun des morceaux de poisson. Disposer les tranches dans un plat de service. **4.** Napper les poissons de sauce ; la sauce italienne se marie bien au saumon et la sauce hawaïenne au mahi-mahi. Quant à la sauce asiatique, elle rehausse parfaitement les trois types de poisson. Servir aussitôt.

C'est facile !

Faire des tranches minces

Pour préparer de belles tranches de poisson, placez les filets au congélateur pour environ 1 heure. Cette brève période au froid n'altère ni leur goût ni leur texture, mais raffermit la chair, ce qui permet d'émincer finement et facilement le poisson.

Préparation : **10 minutes** • Quantité : **4 portions**

Tartare de truites aux pistaches

100 g (3 ½ oz) de truite fumée
.....
600 g (environ 1 ¼ lb)
de filets de truite
.....
15 ml (1 c. à soupe) de ciboulette
fraîche hachée
.....
15 ml (1 c. à soupe)
de persil frais haché
.....
15 ml (1 c. à soupe) d'échalotes
sèches hachées
.....

15 ml (1 c. à soupe)
de câpres hachées
.....
30 ml (2 c. à soupe)
de pistaches concassées
.....
45 ml (3 c. à soupe)
d'huile d'olive
.....
1 citron (jus et zeste)
.....
Sel et poivre
du moulin au goût
.....

1. Émincer finement la truite fumée et les filets de truite. **2.** Déposer dans un bol. Incorporer les fines herbes, les échalotes, les câpres et les pistaches. **3.** Ajouter l'huile d'olive, le jus de citron, le sel et le poivre. Servir très frais.

J'aime aussi...

Avec des pommes

Pour une version au goût rafraîchissant, remplacez les pistaches par des petits dés de pomme verte. Pour renouveler cette recette, n'hésitez pas à substituer du saumon ou du thon à la truite. Pour assurer le succès de ce plat, un seul critère : la fraîcheur du poisson !

Préparation : **20 minutes** • Marinage : **30 minutes** • Quantité : **4 portions**

Ceviche de thon

1 tranche de thon frais
de 375 g (environ ¾ de lb)
et de 2,5 cm (1 po) d'épaisseur
.....
POUR LA MARINADE :
.....
1 mangue
.....
3 limes (jus)
.....

60 ml (¼ de tasse)
d'huile de tournesol
.....
Sel et poivre au goût
.....
POUR LA SALADE :
.....
1 poivron rouge coupé
en petits dés
.....
250 ml (1 tasse) de courgettes
coupées en julienne
.....

250 ml (1 tasse) de carottes
coupées en julienne
.....
250 ml (1 tasse) de betteraves
jaunes pelées et coupées
en julienne
.....
15 ml (1 c. à soupe) d'aneth
frais haché
.....

1. Dans le contenant du robot culinaire, mélanger ensemble les ingrédients de la marinade. 2. Déposer le thon dans un plat et verser la moitié de la marinade sur le thon. Couvrir et faire mariner au frais de 30 à 40 minutes, en retournant la tranche de thon une ou deux fois. 3. Verser le reste de la marinade dans un saladier. Ajouter les légumes et l'aneth. Mélanger. 4. Égoutter le thon et jeter la marinade. Tailler le thon en fines tranches. Servir immédiatement avec la salade.

Préparation : **10 minutes** • Marinage : **10 minutes** • Quantité : **4 portions**

Ceviche de saumon en salade

450 g (1 lb) de filet
de saumon, sans peau
.....
125 ml (½ tasse) d'huile d'olive
.....
30 ml (2 c. à soupe) de jus de lime
.....
Sel et poivre au goût
.....
500 ml (2 tasses) de mesclun
.....
½ oignon rouge coupé
en fines rondelles
.....

1. Émincer le saumon. Déposer les tranches dans une assiette creuse. 2. Dans un bol, fouetter l'huile avec le jus de lime. Saler et poivrer. 3. Verser sur le saumon. Couvrir d'une pellicule plastique et réfrigérer 10 minutes. 4. Égoutter le saumon en prenant soin de réserver la marinade. 5. Répartir le saumon dans les assiettes. Garnir de mesclun et de rondelles d'oignon. Napper chacune des portions de marinade.

Savoureux et polyvalent, le thon

Le thon a sans doute une double personnalité ! En boîte pour des lunchs ou des soupers rapides, sains et savoureux, il règne en maître. Lorsqu'apprêté frais, en steak, il prend des airs de grandeur. Qu'il se présente en habit de semaine ou de soirée, il est toujours délicieux !

Préparation : **15 minutes** • Cuisson : **33 minutes** • Quantité : **de 3 à 4 portions**
Une recette de **Samuel Bourque**, chef cuisinier

Quiche provençale au thon, tomates séchées et fromage Le Calumet

1 pâte à quiche maison
ou du commerce de 250 g (½ lb)
.....
4 œufs
.....
175 ml (environ ⅔ de tasse)
de crème à cuisson 15 %
.....
1 boîte de thon (de marque
Rio Mare, de préférence)
de 160 g, égoutté
.....
½ oignon coupé en dés
.....
10 olives Kalamata tranchées
.....

8 tomates séchées
coupées en dés
.....
2 oignons verts émincés
.....
5 ml (1 c. à thé) d'herbes
de Provence séchées
.....
Sel et poivre au goût
.....
15 ml (1 c. à soupe)
de moutarde de Dijon
.....
150 g (environ ⅓ de lb)
de fromage Le Calumet, râpé
.....

1. Préchauffer le four à 190 °C (375 °F). 2. Abaisser la pâte en un cercle d'environ 23 cm (9 po). Déposer dans un moule à tarte standard et piquer à la fourchette. 3. Sur la grille inférieure du four, cuire la pâte de 8 à 10 minutes, puis laisser refroidir à température ambiante. 4. Pendant ce temps, battre les œufs puis incorporer tous les ingrédients, à l'exception de la moutarde et du fromage. 5. Étaler la moutarde sur la pâte cuite et refroidie. Verser la préparation aux œufs et parsemer de fromage. 6. Cuire au four, sur la grille inférieure, de 25 à 35 minutes. Servir chaud ou froid, avec de la roquette et une vinaigrette.

Le saviez-vous ?

Précuire la pâte pour plus de succès

Pour les quiches, les pâtés ou autres mets du genre, prenez soin de précuire la pâte avant d'y verser la préparation : la cuisson à blanc d'une pâte aide à obtenir une croûte plus croustillante. Et n'hésitez pas à modifier la recette selon vos inspirations et vos envies. Essayez-la avec un autre fromage, comme un cheddar vieilli, ou d'autres légumes, comme les asperges ou la courgette grillée. C'est ce que font les chefs !

Préparation : **30 minutes** • Marinage : **1 heure** • Cuisson : **3 minutes** • Quantité : **2 portions**

Steaks de thon à l'asiatique

POUR LA MARINADE :

30 ml (2 c. à soupe) d'huile
de sésame (non grillé)
.....
30 ml (2 c. à soupe) de mirin
.....
10 ml (2 c. à thé)
de gingembre haché
.....
30 ml (2 c. à soupe)
de jus d'orange
.....

POUR LE THON :

2 steaks de thon de 180 g
(environ ⅓ de lb) chacun
.....
15 ml (1 c. à soupe)
de ciboulette fraîche hachée
.....
10 ml (2 c. à thé)
de gingembre haché
.....
15 ml (1 c. à soupe)
de zestes d'orange
.....

125 ml (½ tasse)
de chapelure panko
.....
2,5 ml (½ c. à thé)
de fleur de sel
.....
Poivre du moulin au goût
.....
1 œuf battu
.....
45 ml (3 c. à soupe)
d'huile d'olive
.....

1. Dans un bol, fouetter l'huile de sésame avec le mirin, le gingembre et le jus d'orange. 2. Transférer la moitié de la préparation dans un plat creux. Déposer les steaks de thon dans le plat. Faire mariner 1 heure au frais, en retournant les steaks après 30 minutes. Réserver l'autre moitié de marinade au frais. 3. Dans une assiette creuse, mélanger la ciboulette avec le gingembre, les zestes d'orange, la chapelure et l'assaisonnement. 4. Égoutter le thon et le tremper dans l'œuf battu. Égoutter et enrober de chapelure. 5. Dans une poêle, chauffer l'huile à feu moyen. Cuire le thon 1 minute de chaque côté. Servir avec la marinade réservée.

Préparation : **15 minutes** • Cuisson : **15 minutes** • Quantité : **4 portions**

Riz au jasmin aux zestes d'orange

250 ml (1 tasse) de riz basmati
.....
15 ml (1 c. à soupe)
d'huile d'olive
.....
¼ d'oignon haché
.....

¼ de poivron rouge
coupé en dés
.....
500 ml (2 tasses)
de bouillon de légumes
.....

15 ml (1 c. à soupe)
de zestes d'orange
.....
Sel et poivre au goût
.....

1. Rincer le riz sous l'eau froide. Égoutter. 2. Dans une casserole, chauffer l'huile d'olive à feu moyen. Saisir l'oignon haché et le poivron rouge de 2 à 3 minutes. 3. Ajouter le riz, le bouillon de légumes et les zestes d'orange. Saler et poivrer. 4. Couvrir et cuire de 15 à 18 minutes à feu doux, jusqu'à ce que le riz soit cuit.

Préparation : **20 minutes** • Cuisson : **4 minutes** • Quantité : **4 portions**

Steaks de thon mi-cuits, salsa à l'ananas et mangue

15 ml (1 c. à soupe) d'huile d'olive

4 steaks de thon de 180 g (environ ⅓ de lb) chacun et de 2,5 cm (1 po) d'épaisseur

POUR LE SEL ÉPICÉ :

15 ml (1 c. à soupe) de graines de fenouil

15 ml (1 c. à soupe) de graines de coriandre concassées

15 ml (1 c. à soupe) de zestes de citron

5 ml (1 c. à thé) de fleur de sel

5 ml (1 c. à thé) de poivre concassé

POUR LA SALSA :

30 ml (2 c. à soupe) d'huile d'olive

15 ml (1 c. à soupe) de coriandre fraîche hachée

15 ml (1 c. à soupe) de ciboulette fraîche hachée

5 ml (1 c. à thé) de cari

5 ml (1 c. à thé) de gingembre haché

½ mangue coupée en dés

½ oignon coupé en dés

¼ d'ananas coupé en dés

Sel et poivre au goût

1. Dans un bol, mélanger tous les ingrédients de la salsa. Couvrir et réserver au frais. 2. Dans une assiette creuse, mélanger tous les ingrédients du sel épicé. 3. Enrober les steaks de thon de ce mélange. Presser afin que celui-ci pénètre dans la chair du poisson. 4. Dans une poêle, chauffer l'huile à feu moyen. Cuire le thon 1 minute de chaque côté afin de conserver l'intérieur de la chair rosée.

J'aime avec...

Salade à l'asiatique

Faire tremper 115 g (¼ de lb) de vermicelles de riz dans l'eau chaude selon le mode de préparation indiqué sur l'emballage. Couper 1 carotte et 1 courgette en fine julienne. Dans une grande poêle, chauffer 15 ml (1 c. à soupe) d'huile de sésame (non grillé) à feu moyen. Cuire les légumes de 1 à 2 minute(s) avec 5 ml (1 c. à thé) d'ail haché. Ajouter 250 ml (1 tasse) de bouillon de légumes, 10 ml (2 c. à thé) de cari et les vermicelles. Cuire de 3 à 5 minutes.

Préparation : **20 minutes** • Cuisson : **15 minutes** • Quantité : **4 portions**

Thon à la sicilienne

30 ml (2 c. à soupe) d'huile d'olive
.....
30 ml (2 c. à soupe)
de basilic frais haché
.....
1 citron (jus)
.....
4 steaks de thon
.....
125 ml (½ tasse) d'olives noires
.....
15 ml (1 c. à soupe)
de câpres, égouttées
.....

6 filets d'anchois
(conservés dans l'huile)
.....
1 boîte de tomates
en dés de 540 ml
.....
Sel et poivre au goût
.....
15 ml (1 c. à soupe)
d'huile d'olive
.....

1. Dans un bol, mélanger l'huile d'olive avec le basilic et le jus de citron. Tremper les steaks de thon dans ce mélange et réserver au frais. 2. Mélanger les olives avec les câpres, les anchois et les tomates. Saler et poivrer. 3. Dans une poêle, chauffer l'huile à feu moyen. Saisir le thon 1 minute de chaque côté. 4. Préchauffer le four à 205 °C (400 °F). 5. Déposer le thon dans un plat de cuisson. Couvrir du mélange aux olives et de la marinade. Cuire au four de 15 à 20 minutes.

Le saviez-vous ?

C'est délicieux sur le barbecue !

Amateurs de biftecks, vous devez tenter ce «steak de la mer» sur le barbecue. La grillade est certes l'un des meilleurs modes de cuisson pour découvrir le thon rouge. Sa saveur typée et sa texture incomparable n'ont rien en commun avec celles de son cousin en conserve. Pour goûter les subtilités du thon grillé, demandez à votre poissonnier du thon de qualité sushi et procédez à une cuisson brève, à chaleur vive. Cela permettra de bien saisir l'extérieur tout en gardant l'intérieur encore rouge : la cuisson «bleue» demeure idéale afin de préserver la texture fondante de ce poisson d'exception.

Préparation : **10 minutes** • Quantité : **1 portion**

Tortilla au thon et salade

1 tortilla de blé entier
.....
2 feuilles de laitue
romaine émincées
.....
POUR LA GARNITURE :
.....
125 ml (½ tasse)
de thon pâle en boîte
.....
30 ml (2 c. à soupe) de mayonnaise
.....
15 ml (1 c. à soupe)
d'oignon haché
.....

15 ml (1 c. à soupe)
de persil frais haché
.....
½ branche de céleri
coupée en dés
.....
½ citron (jus)
.....
¼ de poivron coupé en dés
.....
Sel et poivre au goût
.....

1. Dans un bol, mélanger ensemble tous les ingrédients de la garniture. **2.** Garnir la tortilla du mélange au thon et de laitue. Rouler en serrant bien. Trancher la tortilla en deux.

Préparation : **20 minutes** • Quantité : **4 portions**

Salade de thon aux pommes et pois chiches

POUR LA VINAIGRETTE :

80 ml (⅓ de tasse)
d'huile d'olive

30 ml (2 c. à soupe) de
coriandre fraîche hachée

15 ml (1 c. à soupe)
de jus de citron

15 ml (1 c. à soupe)
de moutarde à l'ancienne

5 ml (1 c. à thé) de cumin

2 oignons verts
émincés

Sel et poivre au goût

POUR LA SALADE :

2 pommes vertes

1 boîte de pois chiches
de 540 ml, rincés et égouttés

2 boîtes de thon
de 170 g chacune, égoutté

2 branches de céleri émincées

1 poivron rouge émincé

½ oignon rouge émincé

1. Dans un saladier, fouetter ensemble les ingrédients de la vinaigrette. 2. Retirer le cœur des pommes puis les émincer. 3. Déposer les pommes dans le saladier et ajouter le reste des ingrédients. Remuer.

Tilapia passe-partout

Le tilapia est un poisson exotique au goût délicat et à la chair ferme, ce qui permet de l'apprêter à toutes les sauces : cuit à la vapeur, au four, poché, même grillé au barbecue en brochettes ou en filets. Comme bien des poissons à chair blanche, c'est un délicieux deux-en-un de santé et de saveur !

Préparation : **20 minutes** • Cuisson : **15 minutes** • Quantité : **4 portions**

Tilapia en papillote aux légumes asiatiques

1 sac de mélange de légumes
asiatiques surgelés de 500 g
.....
30 ml (2 c. à soupe) d'huile
de sésame (non grillé)
.....
10 ml (2 c. à thé)
de gingembre haché
.....
5 ml (1 c. à thé) d'ail haché
.....
30 ml (2 c. à soupe) de miel
.....

4 oignons verts
.....
15 ml (1 c. à soupe)
de persil frais haché
.....
15 ml (1 c. à soupe)
de coriandre fraîche hachée
.....
Sel et poivre au goût
.....
4 filets de tilapia
de 150 g (⅓ de lb) chacun
.....

1. Préchauffer le four à 205 °C (400 °F). **2.** Déposer les légumes dans une passoire et les rincer rapidement sous l'eau froide afin de les décongeler. **3.** Dans un grand bol, mélanger l'huile avec le gingembre, l'ail, le miel, les oignons verts et les fines herbes. Assaisonner et incorporer les légumes. **4.** Répartir les légumes sur quatre grandes feuilles de papier parchemin. Déposer les filets de poisson sur les légumes. Rabattre les extrémités de chaque feuille et sceller les papillotes. **5.** Cuire au four environ 15 minutes.

Le saviez-vous ?

Les avantages de la cuisson en papillote

Ce type de cuisson – sans corps gras – consiste à envelopper hermétiquement le poisson dans du papier d'aluminium ou dans du papier parchemin pour ensuite le cuire au four ou sur le barbecue. Un filet mince de 2,5 cm (1 po) d'épaisseur cuit en 15 minutes et un autre plus épais cuit en 25 minutes, sans être retourné. La cuisson est terminée lorsque la papillote est bien gonflée. Ce mode de cuisson emprisonne les saveurs tout en préservant l'apparence, la texture moelleuse et les qualités nutritives du poisson. À retenir pour les chairs maigres qui tendent à s'assécher plus vite.

Préparation : **10 minutes** • Cuisson : **12 minutes** • Quantité : **4 portions**

Filets de tilapia en croûte à la sicilienne

4 filets de tilapia
ou autre poisson à chair ferme
(pangasius, turbo, morue...)
de 180 g (environ ⅓ de lb) chacun
.....
30 ml (2 c. à soupe)
d'huile d'olive
.....
Copeaux de parmesan
pour garnir (facultatif)
.....

**POUR LA CROÛTE
À LA SICILIENNE :**
.....
80 ml (⅓ de tasse)
de chapelure nature
.....
60 ml (¼ de tasse)
de raisins de Corinthe
.....
45 ml (3 c. à soupe)
de persil frais haché
.....

30 ml (2 c. à soupe)
de noix de pin en morceaux
.....
15 ml (1 c. à soupe)
de câpres hachées
.....
10 ml (2 c. à thé)
d'ail haché
.....
Sel et poivre au goût
.....

1. Préchauffer le four à 205 °C (400 °F). **2.** Dans un bol, mélanger les ingrédients de la croûte. **3.** Déposer les filets de poisson sur une plaque de cuisson tapissée d'une feuille de papier parchemin.

Répartir le mélange pour la croûte sur les filets puis presser avec le dos d'une cuillère afin de faire adhérer au poisson. Arroser d'un filet d'huile. **4.** Cuire au four 12 minutes.

J'aime avec...

Courge spaghetti et sauce tomate

Couper 1 courge spaghetti en deux. Retirer les graines et les filaments. Saler, poivrer et arroser de 30 ml (2 c. à soupe) d'huile d'olive. Déposer dans un plat de cuisson allant au micro-ondes et couvrir d'une pellicule plastique. Cuire à haute intensité de 15 à 18 minutes. Défaire la chair de la courge à l'aide d'une fourchette. Réchauffer 375 ml (1 ½ tasse) de sauce marinara du commerce. Répartir la courge dans les assiettes et napper de sauce.

Préparation : **20 minutes** • Cuisson : **4 minutes** • Quantité : **4 portions**

Tilapia à la milanaise

4 filets de tilapia de 150 g
(⅓ de lb) chacun
.....
80 ml (⅓ de tasse) de farine
.....
2 œufs
.....
30 ml (2 c. à soupe) de lait
.....
Sel et poivre au goût
.....
250 ml (1 tasse)
de chapelure nature
.....

15 ml (1 c. à soupe) de pesto
aux tomates séchées
.....
5 ml (1 c. à thé) de thym frais haché
.....
5 ml (1 c. à thé)
de romarin frais haché
.....
15 ml (1 c. à soupe) de beurre
.....
30 ml (2 c. à soupe) d'huile d'olive
.....
1 citron coupé en quatre
.....

1. Couper chacun des filets de poisson en trois sur la largeur.
2. Préparer trois assiettes creuses. Dans la première, verser la farine. Dans la deuxième, fouetter les œufs avec le lait et l'assaisonnement. Dans la dernière, mélanger la chapelure avec le pesto et les fines herbes. 3. Fariner les bâtonnets puis secouer pour enlever l'excédent de farine. Tremper les bâtonnets dans le mélange d'œufs et rouler dans la chapelure. 4. Dans une poêle, faire fondre le beurre avec l'huile à feu moyen. Faire dorer les filets de tilapia de 2 à 3 minutes de chaque côté. Égoutter sur du papier absorbant. Servir avec un trait de jus de citron et la sauce tartare.

Préparation : **10 minutes** • Quantité : **150 ml (environ ½ tasse)**

Sauce tartare aux câpres

125 ml (½ tasse) de mayonnaise
.....
15 ml (1 c. à soupe)
de câpres hachées
.....
15 ml (1 c. à soupe)
de ciboulette fraîche hachée
.....

1. Dans un bol, mélanger la mayonnaise avec les câpres et la ciboulette. 2. Réserver au frais jusqu'au moment de servir.

Préparation : **30 minutes** • Cuisson : **20 minutes** • Quantité : **de 4 à 6 portions**

Gratin de la mer et purée de pommes de terre au céleri-rave

POUR LA PURÉE :
.....
5 pommes de terre
.....
1 céleri-rave
.....
2 jaunes d'œufs
.....
Sel et poivre
.....

POUR LE GRATIN :
.....
80 ml (⅓ de tasse) de beurre
.....
1 oignon haché
.....
45 ml (3 c. à soupe) de farine
.....
500 ml (2 tasses) de lait
.....
3 filets de tilapia de 180 g (environ ⅓ de lb) chacun, coupés en cubes
.....

1 sac de crevettes et pétoncles surgelés de 350 g, décongelés
.....
125 ml (½ tasse) de crème à cuisson 15 %
.....
45 ml (3 c. à soupe) de ciboulette fraîche hachée
.....

1. Peler puis couper en cubes les pommes de terre et le céleri-rave. 2. Déposer dans une casserole. Couvrir d'eau froide et saler. Porter à ébullition puis cuire jusqu'à tendreté. Égoutter. 3. Réduire en purée. Incorporer les jaunes d'œufs en remuant rapidement avec une cuillère de bois. Saler et poivrer. Réserver. 4. Dans une casserole, faire fondre 45 ml (3 c. à soupe) de beurre à feu moyen. Ajouter l'oignon et cuire 1 minute. Saupoudrer de farine. Cuire 1 minute en remuant et verser le lait. Porter à ébullition à feu moyen en fouettant. 5. Incorporer le sel, le poivre, les cubes de poisson, les fruits de mer, la crème et la ciboulette. 6. Préchauffer le four à 205 °C (400 °F). 7. Répartir la préparation dans des plats à gratin individuels ou dans un plat carré de 20 cm (8 po). Couvrir de purée. 8. Déposer des noisettes de beurre sur la purée et faire fondre en l'étalant à l'aide d'une fourchette. Créer des motifs avec les dents de la fourchette. 9. Cuire au four de 20 à 25 minutes.

J'aime parce que...

Ça fait changement !

Vous aimez le poisson mais en avez assez des filets ? Ce soir, que diriez-vous de déguster votre poisson autrement ? Ce gratin de la mer, avec son onctueuse purée au céleri-rave agréablement différente, saura certainement apporter un vent de changement dans votre souper !

Préparation : **15 minutes** • Cuisson : **15 minutes** • Quantité : **4 portions**

Tilapia à la thaï

1 boîte de lait de coco
de 400 ml
.....
250 ml (1 tasse) de fumet
de poisson
.....
1 tige de citronnelle, coupée
en deux sur la longueur
.....
15 ml (1 c. à soupe)
de gingembre haché
.....

5 ml (1 c. à thé) d'ail haché
.....
5 ml (1 c. à thé) de curcuma
.....
Sel et poivre au goût
.....
20 pois mange-tout
coupés en deux
.....
2 carottes émincées
en biseau
.....

1 oignon émincé
.....
1 boîte de maïs
miniatures de 298 ml,
égouttés
.....
4 filets de tilapia
.....
30 ml (2 c. à soupe)
de coriandre fraîche hachée
.....

1. Préchauffer le four à 205 °C (400 °F). 2. Dans une casserole, porter à ébullition le lait de coco avec le fumet de poisson, la citronnelle, le gingembre, l'ail, le curcuma et l'assaisonnement. Laisser mijoter à découvert 10 minutes à feu doux. Filtrer et réserver. 3. Dans une casserole d'eau bouillante, faire blanchir les pois mange-tout, les carottes et l'oignon de 2 à 3 minutes. Égoutter puis répartir les légumes dans un grand plat allant au four. 4. Dans le plat, ajouter les maïs miniatures et les filets de tilapia. Parsemer de coriandre. Napper avec la préparation au lait de coco. 5. Couvrir d'une feuille de papier d'aluminium. Cuire au four 15 minutes.

Le saviez-vous ?

Le tilapia, un vrai champion !

Véritable poisson passe-partout, le tilapia se prête bien à toutes les cuissons. Avec son goût délicat et sa faible teneur en gras, il est bon pour les papilles… et la santé ! Une portion de 120 g contient environ 110 calories et offre 90 mg de précieux oméga-3. Le tilapia est aussi riche en protéines, calcium, fer, sélénium, phosphore ainsi qu'en vitamines A, B, et D.

Préparation : **15 minutes** • Cuisson : **8 minutes** • Quantité : **4 portions**

Tilapia aux légumes, sauce dijonnaise à l'ail

2 courgettes
.....
4 tomates italiennes
.....
2 oignons rouges
.....
30 ml (2 c. à soupe)
d'huile d'olive
.....
125 ml (½ tasse)
de jus de tomate
.....
16 olives noires
.....

5 ml (1 c. à thé) de thym
frais haché
.....
4 filets de tilapia
ou de pangasius de 180 g
(environ ⅓ de lb) chacun
.....
Sel et poivre au goût
.....
POUR LA SAUCE :
.....
15 ml (1 c. à soupe)
de moutarde de Dijon
.....

5 ml (1 c. à thé) d'ail haché
.....
15 ml (1 c. à soupe)
de jus de citron
.....
30 ml (2 c. à soupe)
de persil frais haché
.....
Sel et poivre au goût
.....
60 ml (¼ de tasse)
d'huile d'olive
.....

1. Couper les courgettes et les tomates en dés. Émincer les oignons. **2.** Dans une poêle, chauffer l'huile à feu moyen. Faire dorer les oignons 2 minutes. **3.** Ajouter les courgettes et les tomates. Cuire 1 minute. **4.** Verser le jus de tomate et laisser mijoter à feu doux 5 minutes. **5.** Ajouter les olives, le thym et les filets de tilapia. Saler et poivrer. Couvrir et cuire de 8 à 10 minutes à feu doux, jusqu'à ce que le poisson soit tendre. **6.** Pendant ce temps, préparer la sauce en mélangeant dans un bol tous les ingrédients, à l'exception de l'huile. Incorporer progressivement l'huile et fouetter jusqu'à l'obtention d'une consistance homogène. **7.** Au moment de servir, napper le poisson de sauce.

Préparation : **15 minutes** • Cuisson : **15 minutes** • Quantité : **4 portions**

Tilapia à la florentine, sauce au chèvre

30 ml (2 c. à soupe) de beurre

2 contenants de bébés
épinards de 142 g chacun

Sel et poivre

4 filets de tilapia de 180 g
(environ ⅓ de lb) chacun

POUR LA SAUCE :

125 ml (½ tasse) de crème
à cuisson 15 %

1 fromage de chèvre
(de type Chevrai) de 113 g

30 ml (2 c. à soupe)
d'aneth frais haché

30 ml (2 c. à soupe)
de ciboulette fraîche hachée

125 ml (½ tasse) de cheddar
ou de mozzarella râpé(e)

1. Préchauffer le four à 205 °C (400 °F). 2. Dans une poêle, faire fondre le beurre à feu moyen. Cuire les épinards 2 minutes. Saler et poivrer. 3. Beurrer un plat à gratin de 33 cm x 23 cm (13 po x 9 po). Répartir les épinards cuits dans le fond du plat. Disposer les filets de tilapia sur les épinards.

4. Dans une casserole, porter la crème à ébullition. À feu moyen, incorporer le fromage de chèvre en fouettant jusqu'à ce qu'il soit fondu. Saler et poivrer. Ajouter l'aneth et la ciboulette. 5. Napper les filets de tilapia de sauce et parsemer de fromage. Cuire au four de 15 à 20 minutes.

Préparation : **10 minutes** • Cuisson : **8 minutes** • Quantité : **4 portions**

Tilapia au pesto de tomates et roquette

60 ml (¼ de tasse) de pesto
aux tomates séchées
.....
60 ml (¼ de tasse) d'huile d'olive
.....
4 filets de tilapia de 180 g
(environ ⅓ de lb) chacun
.....

60 ml (¼ de tasse)
de parmesan râpé
.....
500 ml (2 tasses) de roquette
ou d'épinards
.....

1. Préchauffer le four à 190 °C
(375 °F). **2.** Dans un petit bol,
diluer le pesto dans l'huile d'olive.
Badigeonner les filets de tilapia
de ce mélange. **3.** Déposer les filets
de tilapia sur une plaque de cuisson
tapissée d'une feuille de papier
parchemin. Parsemer de parmesan.
Cuire au four de 8 à 10 minutes.
4. Répartir la roquette dans
les assiettes. Déposer les filets
de tilapia sur la roquette.

Préparation : **20 minutes** • Cuisson : **15 minutes** • Quantité : **4 portions**

Filets de tilapia en croûte de pommes de terre

1 contenant de fromage Boursin
Cuisine ail et fines herbes de 245 g
.....
1 contenant de bébés
épinards de 142 g
.....
Sel et poivre au goût
.....
80 ml (⅓ de tasse) d'amandes
tranchées ou effilées
.....

4 filets de tilapia de 180 g
(environ ⅓ de lb) chacun
.....
3 pommes de terre moyennes,
pelées et râpées
.....
60 ml (¼ de tasse)
de beurre fondu
.....
10 ml (2 c. à thé)
de thym frais haché
.....

1. Préchauffer le four à 190 °C (375 °F). **2.** Dans une casserole, faire fondre le fromage à feu moyen. Incorporer les bébés épinards. **3.** Couvrir et laisser mijoter 5 minutes à feu moyen. **4.** Assaisonner et ajouter les amandes. Remuer. **5.** Transvider la préparation dans un plat à gratin de 33 cm x 23 cm (13 po x 9 po).

6. Déposer les filets de poisson sur la préparation aux épinards. Couvrir de pommes de terre râpées et napper de beurre fondu. Saupoudrer de thym, saler et poivrer. **7.** Cuire au four 15 minutes. **8.** Régler le four à la position « gril » (*broil*) et faire gratiner les pommes de terre de 2 à 3 minutes.

Poissons à (re)découvrir

De nos jours, les poissonneries regorgent de produits au nom exotique, comme le pangasius ou le mahi-mahi. Il suffit parfois d'un peu d'audace pour sortir des sentiers battus, expérimenter un poisson inédit, redécouvrir la morue ou encore voir l'aiglefin sous un jour nouveau.

Préparation : **25 minutes** • Cuisson : **5 minutes** • Quantité : **4 portions**

Pangasius
à la sauce hollandaise

30 ml (2 c. à soupe) d'huile d'olive
.....
500 ml (2 tasses)
de champignons tranchés
.....
170 g (⅓ de lb)
d'épinards équeutés
.....
Sel et poivre au goût
.....
500 ml (2 tasses)
de fumet de poisson
.....
15 ml (1 c. à soupe)
de graines de fenouil
.....

4 filets de pangasius de 180 g
(environ ⅓ de lb) chacun
.....
POUR LA SAUCE HOLLANDAISE :
4 jaunes d'œufs
.....
30 ml (2 c. à soupe) d'eau chaude
.....
½ citron
.....
250 ml (1 tasse)
de beurre clarifié
.....
Sel et poivre au goût
.....

1. Déposer les jaunes d'œufs dans le contenant supérieur d'un bain-marie. Verser l'eau chaude. Cuire de 5 à 6 minutes en fouettant, jusqu'à l'obtention d'une consistance crémeuse. 2. Sans cesser de fouetter, verser progressivement le jus du citron et le beurre clarifié. Assaisonner et réserver. 3. Dans une poêle, chauffer l'huile d'olive à feu moyen. Faire dorer les champignons de 3 à 4 minutes. Ajouter les épinards et cuire de 1 à 2 minute(s). Assaisonner et réserver. 4. Dans une petite casserole, verser le fumet de poisson et ajouter les graines de fenouil. Déposer les filets de pangasius et faire pocher 5 minutes. Retirer les filets et déposer sur un papier absorbant. 5. Préchauffer le four à la position « gril » (*broil*). 6. Déposer les filets de poisson dans un plat de cuisson. Ajouter les légumes et la sauce hollandaise. Faire dorer au four de 1 à 2 minute(s).

Le saviez-vous ?

Qu'est-ce que le beurre clarifié ?

Le beurre clarifié a pour principaux avantages de supporter des températures de cuisson plus élevées et de se conserver plus longtemps que le beurre frais. On l'utilise notamment pour cuisiner des sauces et il remplace l'huile dans les traditions culinaires de plusieurs pays. Pour le préparer, il suffit de faire fondre du beurre à feu doux puis de l'écumer. La partie liquide obtenue est ainsi purifiée et prend le nom de « beurre clarifié ».

Préparation : **30 minutes** • Marinage : **30 minutes** • Cuisson : **10 minutes** • Quantité : **4 portions**

Mahi-mahi croustillant à la noix de coco et sa salsa d'ananas

4 filets de mahi-mahi de 180 g
(environ ⅓ de lb) chacun
.....
45 ml (3 c. à soupe)
d'huile de canola
.....
POUR LA MARINADE :
.....
30 ml (2 c. à soupe)
de jus de lime
.....
30 ml (2 c. à soupe)
d'huile d'olive
.....
15 ml (1 c. à soupe)
de gingembre haché
.....
15 ml (1 c. à soupe)
de zestes de lime
.....

15 ml (1 c. à soupe) de miel
.....
POUR LA SALSA D'ANANAS :
.....
250 ml (1 tasse) d'ananas
frais coupé en dés ou d'ananas
en conserve, égoutté
.....
30 ml (2 c. à soupe) de jus de lime
.....
30 ml (2 c. à soupe) d'huile d'olive
.....
15 ml (1 c. à soupe)
de zestes de citron
.....
1 oignon vert émincé
.....
¼ d'oignon rouge coupé en dés
.....
Sel et poivre au goût
.....

**POUR L'ENROBAGE
CROUSTILLANT :**
.....
125 ml (½ tasse) de farine
.....
2 œufs battus
.....
250 ml (1 tasse) de noix
de coco râpée non sucrée
.....
80 ml (⅓ de tasse)
de chapelure panko
.....
30 ml (2 c. à soupe)
de noix de cajou ou
de macadamia hachées
.....

1. Dans un sac hermétique, mélanger les ingrédients de la marinade. Ajouter les filets de mahi-mahi et secouer pour bien les enrober. Laisser mariner au frais de 30 à 60 minutes. 2. Dans un bol, mélanger les ingrédients de la salsa et réfrigérer. 3. Verser la farine et les œufs battus dans des assiettes creuses séparées. Dans un bol, mélanger la noix de coco avec la chapelure et les noix. 4. Au moment de la cuisson, préchauffer le four à 205 °C (400 °F). 5. Égoutter le mahi-mahi et assécher sur du papier absorbant. Fariner les filets, tremper dans les œufs battus, puis enrober du mélange à la noix de coco. 6. Dans une poêle, chauffer l'huile à feu doux-moyen. Cuire les filets 1 minute de chaque côté, puis les déposer sur une plaque de cuisson tapissée d'une feuille de papier parchemin. 7. Cuire au four de 10 à 12 minutes, jusqu'à ce qu'ils soient dorés et que la chair se défasse à la fourchette. Si nécessaire, égoutter sur du papier absorbant.

Le saviez-vous ?

Le mahi-mahi vient d'Hawaï

Ce poisson exotique d'un blanc-rosé offre un goût très doux. Sa chair maigre gagne à être marinée, ce qui lui évite de se dessécher trop rapidement pendant la cuisson. Inspirez-vous de ses origines hawaïennes en apprêtant les darnes ou les filets avec des fruits exotiques ou d'autres ingrédients aux notes tropicales.

Préparation : **15 minutes** • Cuisson : **8 minutes** • Quantité : **4 portions**

Pavés de flétan à saveur exotique

125 ml (½ tasse) de jus d'ananas
.....
375 ml (1 ½ tasse) de lait de coco
.....
30 ml (2 c. à soupe)
d'échalotes sèches hachées
.....
5 ml (1 c. à thé) d'ail haché
.....
4 pavés de flétan d'environ
180 g (environ ⅓ de lb) chacun
.....

Sel et poivre au goût
.....
2 tomates coupées
en petits dés
.....
15 ml (1 c. à soupe) de coriandre
fraîche hachée
.....
30 ml (2 c. à soupe) d'amandes
émincées et grillées
.....

1. Dans une poêle, verser le jus d'ananas et le lait de coco. Ajouter les échalotes et l'ail. Porter à ébullition. 2. Déposer les pavés de flétan dans la poêle et assaisonner. Couvrir et cuire à feu doux de 4 à 5 minutes. 3. Retourner les pavés et ajouter le reste des ingrédients. Poursuivre la cuisson de 4 à 5 minutes.

Le saviez-vous ?

Le flétan contient peu d'arêtes

Le flétan s'avère succulent poché ou grillé ; il peut même être consommé cru avec un filet d'huile d'olive et un peu de jus de citron. Ne noyez surtout pas son goût fin sous une préparation fortement assaisonnée ! Sa chair blanche quasi exempte d'arêtes est idéale en fondue, puisqu'elle est bien ferme et ne s'émiettera pas dans le bouillon. Le flétan est un champion de la santé : il a une très faible teneur en gras et est riche en protéines de haute qualité, en vitamine A et en niacine. Il regorge aussi d'oméga-3 et de minéraux, comme le potassium, le phosphore, le sélénium et le fer.

Préparation : **20 minutes** • Cuisson : **7 minutes** • Quantité : **4 portions**

Cari de lotte aux bananes et arachides

15 ml (1 c. à soupe) d'huile d'arachide
.....
755 g (1 ⅔ lb) de filets de lotte
.....
1 oignon haché
.....
10 ml (2 c. à thé) d'ail haché
.....
15 ml (1 c. à soupe) de gingembre haché
.....

10 ml (2 c. à thé) de cari
.....
45 ml (3 c. à soupe) de beurre d'arachide
.....
1 boîte de lait de coco de 400 ml
.....
Sel et poivre au goût
.....
1 banane
.....

30 ml (2 c. à soupe) de jus de lime
.....
2 oignons verts émincés
.....
80 ml (⅓ de tasse) d'arachides rôties
.....

1. Tailler les filets de lotte en cubes.
2. Dans une casserole, chauffer l'huile à feu moyen. Dorer les cubes de lotte sur toutes les faces.
3. Ajouter l'oignon, l'ail et le gingembre. Cuire 1 minute. **4.** Ajouter le cari, le beurre d'arachide, le lait de coco, le sel et le poivre. Couvrir et porter à ébullition. Laisser mijoter à feu doux-moyen 5 minutes.
5. Couper la banane en dés et déposer dans un petit bol. Verser le jus de lime et mélanger. Ajouter dans la casserole et cuire de 2 à 3 minutes.
6. Au moment de servir, parsemer d'oignons verts et d'arachides.

Préparation : **5 minutes** • Marinage : **20 minutes** • Cuisson : **5 minutes** • Quantité : **4 portions**

Turbot grillé au yogourt, citron et menthe

4 filets de turbot de 180 g
(environ ⅓ de lb) chacun et
d'environ 1 cm (½ po) d'épaisseur
.....
POUR LA MARINADE :
.....
125 ml (½ tasse)
de yogourt nature
.....
30 ml (2 c. à soupe)
d'huile d'olive
.....

30 ml (2 c. à soupe)
de menthe fraîche hachée
.....
15 ml (1 c. à soupe)
de zestes de citron
.....
10 ml (2 c. à thé) d'ail haché
.....
Sel et poivre au goût
.....

1. Dans un plat creux, mélanger les ingrédients de la marinade. Ajouter les filets de turbot dans le plat et laisser mariner au frais de 20 à 30 minutes. **2.** Placer la grille du four à la position supérieure puis le préchauffer à la position «gril» (*broil*). **3.** Déposer les filets dans un plat allant au four. **4.** Griller au four de 5 à 7 minutes, selon l'épaisseur du poisson.

Préparation : **10 minutes** • Cuisson : **8 minutes** • Quantité : **4 portions**

Aiglefin pané aux pacanes

250 ml (1 tasse) de pacanes
en morceaux
.....
45 ml (3 c. à soupe)
de persil frais haché
.....
10 ml (2 c. à thé) de cassonade
.....

Sel et poivre au goût
.....
4 filets d'aiglefin frais ou congelés
de 150 g (⅓ de lb) chacun
.....
30 ml (2 c. à soupe)
de beurre fondu
.....

1. Préchauffer le four à 205 °C (400 °F). **2.** Dans un bol, mélanger les pacanes avec le persil et la cassonade. Saler et poivrer. **3.** Répartir le mélange aux pacanes sur les filets de poisson. Presser légèrement afin que le mélange adhère bien à la chair. **4.** Déposer les filets sur une plaque de cuisson tapissée d'une feuille de papier parchemin. Napper avec le beurre fondu. Cuire au four de 8 à 10 minutes.

Préparation : **25 minutes** • Cuisson : **15 minutes** • Quantité : **4 portions**

Morue à la sicilienne

755 g (1 ⅔ lb) de filets de poisson
blanc (tilapia, morue, sole...)
.....
1 citron (jus)
.....
POUR LA SAUCE SICILIENNE :
.....
30 ml (2 c. à soupe)
d'huile d'olive
.....
15 ml (1 c. à soupe)
de basilic frais émincé
.....

15 ml (1 c. à soupe)
de câpres, égouttées
.....
16 olives noires
.....
6 tomates coupées
en petits dés
.....
3 filets d'anchois hachés
.....
2 gousses d'ail écrasées
.....
Sel et poivre au goût
.....

1. Préchauffer le four à 200 °C (400 °F). **2.** Préparer la sauce en déposant tous les ingrédients dans une casserole. Cuire à feu doux de 10 à 15 minutes. **3.** Pendant ce temps, déposer les filets de poisson dans un plat de cuisson. Arroser de jus de citron. **4.** Verser la sauce et cuire au four 15 minutes, jusqu'à ce que la chair du poisson se défasse à la fourchette.

Préparation : **25 minutes** • Cuisson : **15 minutes** • Quantité : **4 portions**

Morue pochée et petits légumes

3 branches de céleri
.....
8 oignons verts
.....
1 litre (4 tasses)
de bouillon de légumes
.....
8 carottes miniatures
.....
8 oignons perlés blancs
.....

8 pommes de terre
grelots rouges
.....
5 ml (1 c. à thé)
de graines de fenouil
.....
3 clous de girofle
.....
1 tige de thym
.....

1 tige de romarin
.....
1 feuille de laurier
.....
Sel et poivre au goût
.....
605 g (1 ⅓ lb) de filets de morue,
coupés en quartiers
.....

1. Émincer les branches de céleri et les oignons verts. **2.** Dans une casserole, porter le bouillon à ébullition. Ajouter tous les ingrédients, à l'exception des filets de morue. Cuire à feu doux de 10 à 15 minutes. **3.** Déposer la morue dans le bouillon frémissant. Cuire de 5 à 8 minutes.

Préparation : **15 minutes** • Cuisson : **4 minutes** • Quantité : **4 portions**

Steaks de marlin en croûte de sésame

125 ml (½ tasse) de farine
.....
2 œufs
.....
375 ml (1 ½ tasse)
de graines de sésame
.....
30 ml (2 c. à soupe)
de zestes de citron
.....
15 ml (1 c. à soupe) de cassonade
.....

15 ml (1 c. à soupe)
de gingembre haché
.....
4 steaks de marlin de 180 g
(environ ⅓ de lb) chacun
.....
45 ml (3 c. à soupe)
d'huile d'olive
.....

1. Préparer trois assiettes creuses. Dans la première, verser la farine. Dans la deuxième, battre les œufs. Dans la troisième, mélanger les graines de sésame avec les zestes, la cassonade et le gingembre. Fariner les steaks, les tremper dans les œufs battus puis les enrober avec la préparation aux graines de sésame. Presser légèrement afin que celle-ci adhère bien à la chair du poisson. **2.** Dans une poêle, chauffer l'huile à feu doux-moyen. Cuire les steaks 2 minutes de chaque côté.

Préparation : **15 minutes** • Cuisson : **5 minutes** • Quantité : **4 portions**

Pangasius, sauce fromagée et gremolata

4 filets de pangasius de 180 g
(environ ⅓ de lb) chacun
.....
POUR LA GREMOLATA :
60 ml (¼ de tasse)
de persil frais haché
.....
30 ml (2 c. à soupe) d'huile d'olive
.....

15 ml (1 c. à soupe)
de zestes de lime
.....
15 ml (1 c. à soupe)
de zestes de citron
.....
10 ml (2 c. à thé) d'ail haché
.....
Sel et poivre
.....

POUR LA SAUCE :
15 ml (1 c. à soupe) de jus de lime
.....
180 ml (¾ de tasse)
de bouillon de légumes
.....
½ contenant de fromage
à la crème de 250 g
.....

1. Dans un bol, mélanger ensemble tous les ingrédients de la gremolata. Réserver. **2.** Déposer une marguerite dans une casserole contenant environ 2,5 cm (1 po) d'eau bouillante. Disposer les filets de pangasius dans la marguerite et garnir de la moitié de la gremolata. Couvrir et cuire à feu moyen de 5 à 6 minutes, jusqu'à ce que le poisson se défasse facilement à la fourchette. **3.** Pendant la cuisson du poisson, préparer la sauce en mélangeant dans une casserole le jus de lime avec le bouillon de légumes, le fromage à la crème et le reste de la gremolata. Porter à ébullition puis laisser mijoter à feu doux de 1 à 2 minute(s), jusqu'à l'obtention d'une consistance homogène. **4.** Au moment de servir, napper le poisson de sauce.

Préparation : **15 minutes** • Cuisson : **6 minutes** • Quantité : **4 portions**

Flétan bardé au bacon

30 ml (2 c. à soupe)
de persil frais haché
.....
30 ml (2 c. à soupe)
d'aneth frais haché
.....
30 ml (2 c. à soupe)
de ciboulette fraîche hachée
.....
30 ml (2 c. à soupe) d'huile d'olive
.....

1 orange (jus)
.....
1 lime (jus et zeste)
.....
Sel et poivre concassé au goût
.....
680 g (1 ½ lb) de flétan,
coupé en cubes
.....
8 tranches de bacon,
coupées en deux
.....

1. Dans un bol, mélanger les fines herbes avec l'huile d'olive, le jus d'orange, le zeste et le jus de la lime. Saler et poivrer. **2.** Tremper les cubes de flétan dans la préparation puis enrouler chacun des cubes de poisson dans une demi-tranche de bacon. **3.** Piquer sur des brochettes en serrant bien les morceaux les uns contre les autres afin d'éviter que le bacon ne glisse en cours de cuisson. **4.** Cuire au barbecue à puissance moyenne-élevée de 3 à 4 minutes de chaque côté ou dans une poêle à feu moyen de 4 à 5 minutes de chaque côté.

Préparation : **12 minutes** • Cuisson : **12 minutes** • Quantité : **4 portions**

Filets de turbot à l'asiatique

45 ml (3 c. à soupe)
de sauce soya légère
.....
15 ml (1 c. de soupe)
de gingembre haché
.....
5 ml (1 c. à thé) d'ail haché
.....
30 ml (2 c. à soupe)
de miel
.....

15 ml (1 c. à soupe)
de jus de citron
.....
1 contenant de bébés
épinards de 142 g
.....
1 carotte taillée en julienne
.....
4 filets de turbot de 180 g
(environ ⅓ de lb) chacun
.....

1. Préchauffer le four à 205 °C (400 °F). **2.** Dans un bol, mélanger la sauce soya avec le gingembre, l'ail, le miel et le jus de citron. **3.** Dans le fond d'un plat allant au four, répartir les épinards et la julienne de carotte. Déposer les filets de turbot sur les légumes. Napper de sauce. Couvrir et cuire au four de 12 à 15 minutes, jusqu'à ce que le poisson soit cuit.

Préparation : **15 minutes** • Cuisson : **10 minutes** • Quantité : **4 portions**

Filets de vivaneau pochés aux poivrons et tomates

POUR LE POISSON :
.....
30 ml (2 c. à soupe) d'huile d'olive
.....
45 ml (3 c. à soupe) d'échalotes
sèches (françaises) hachées
.....
2 poivrons rouges
coupés en dés
.....
2 tomates coupées en dés
.....
4 filets de vivaneau de 180 g
(environ ⅓ de lb) chacun
.....

30 ml (2 c. à soupe)
de basilic frais émincé
.....
30 ml (2 c. à soupe)
de noix de pin
.....
15 ml (1 c. à soupe)
de vinaigre balsamique
.....
Sel et poivre au goût

POUR L'ORZO AUX LÉGUMES :
.....
375 ml (1 ½ tasse) d'orzo
.....

1 courgette
.....
1 tomate
.....
½ poivron vert
.....
250 ml (1 tasse)
d'épinards émincés
.....
15 ml (1 c. à soupe)
d'huile d'olive
.....
Sel et poivre au goût
.....

1. Dans une casserole, chauffer l'huile à feu moyen. Faire dorer les échalotes. Ajouter les poivrons et les tomates. Cuire 5 minutes. **2.** Rouler les filets de poisson sur eux-mêmes. **3.** Dans la casserole, ajouter le basilic, les noix de pin, le vinaigre et les filets de poisson. Assaisonner, couvrir et laisser mijoter environ 5 minutes, jusqu'à ce que la chair du poisson se défasse facilement à la fourchette. **4.** Pendant ce temps, cuire l'orzo selon le mode de préparation indiqué sur l'emballage. Égoutter. **5.** Couper la courgette, la tomate et le demi-poivron en dés. **6.** Mélanger l'orzo avec les légumes et l'huile. Saler et poivrer. **7.** Servir le poisson sur un lit d'orzo.

Réconfortants pâtés et feuilletés

Les plats au four tout-en-un ont ce côté réconfortant qui fait tant de bien. Leur cuisson lente fait ressortir le goût exquis du poisson, que ce soit dans un pâté, un coulibiac ou un délicieux gratin. Bien enveloppé dans une pâte tendre et feuilletée, le poisson s'imprègne de saveur et ne demande qu'à vous faire craquer !

Préparation : **25 minutes** • Cuisson : **35 minutes** • Quantité : **de 4 à 6 portions**

Coulibiac de truite et légumes

30 ml (2 c. à soupe) d'huile d'olive
.....
8 champignons émincés
.....
2 poireaux émincés ou 1 sac
de poireaux émincés de 250 g
.....
1 contenant de bébés
épinards de 142 g
.....
Sel et poivre au goût
.....

1 boîte de pâte feuilletée surgelée
d'environ 400 g, décongelée
.....
625 ml (2 ½ tasses) de truite
cuite et émiettée
.....
1 paquet de truite fumée de 70 g
.....
1 jaune d'œuf battu
avec un peu d'eau
.....

1. Préchauffer le four à 205 °C (400 °F). **2.** Dans une poêle, chauffer l'huile à feu moyen. Cuire les champignons et les poireaux de 4 à 5 minutes. **3.** Ajouter les épinards et cuire de 3 à 4 minutes. Saler et poivrer. Laisser tiédir. **4.** Sur une surface farinée, abaisser la moitié de la pâte en un rectangle de 25 cm x 20 cm (10 po x 8 po) et l'autre moitié en un rectangle de 27,5 cm x 22,5 cm (11 po x 9 po). **5.** Assembler le coulibiac en suivant les étapes présentées ci-dessous. **6.** Cuire au four 35 minutes.

C'est facile !

Préparer un coulibiac

1
Déposer la plus petite abaisse sur une plaque de cuisson tapissée d'une feuille de papier parchemin. Répartir la moitié du mélange de légumes sur la pâte en réservant un pourtour de 2 cm (¾ de po). Couvrir de la truite cuite, puis de la truite fumée.

2
Couvrir avec le reste des légumes. Badigeonner le pourtour de la pâte avec le jaune d'œuf battu avec un peu d'eau.

3
Déposer délicatement la deuxième abaisse sur la préparation et presser pour sceller le pourtour. Pour une plus belle finition, effectuer des encoches sur le pourtour à l'aide d'un petit couteau. Badigeonner la surface avec le jaune d'œuf.

Préparation : **25 minutes** • Cuisson : **45 minutes** • Quantité : **de 4 à 6 portions**

Pâté au saumon étagé

500 ml (2 tasses) de lait
.....
1 contenant de fromage
à la crème de 250 g
.....
2 boîtes de saumon émietté
de 418 g chacune
.....
30 ml (2 c. à soupe) de ciboulette
fraîche hachée
.....

250 ml (1 tasse) de carottes
coupées en dés
.....
250 ml (1 tasse) de céleri
coupé en dés
.....
1 oignon haché
.....
Sel et poivre au goût
.....
10 pommes de terre moyennes
.....

POUR LA SAUCE
D'ACCOMPAGNEMENT :
1 contenant de fromage
à la crème au saumon
fumé de 250 g
.....
125 ml (½ tasse) de lait
.....

1. Dans une casserole, chauffer jusqu'aux premiers bouillons 500 ml (2 tasses) de lait avec le fromage à la crème. Retirer du feu et réserver. **2.** Égoutter le saumon. Retirer les arêtes et la peau. **3.** Dans un bol, mélanger le saumon avec la ciboulette, les carottes, le céleri et l'oignon. Assaisonner. **4.** Beurrer un plat de cuisson de 30 cm x 20 cm (12 po x 8 po). **5.** Peler les pommes de terre et tailler en minces rondelles. **6.** Préchauffer le four à 190 °C (375 °F). **7.** Déposer la moitié des pommes de terre au fond du plat. Napper avec la moitié de la sauce au fromage. Étaler uniformément la préparation au saumon sur les pommes de terre. Compléter avec le reste des pommes de terre et la sauce au fromage. **8.** Cuire au four de 45 à 60 minutes. **9.** Au moment de servir, porter à ébullition les ingrédients de la sauce d'accompagnement. Répartir la sauce sur chaque portion.

J'aime aussi...

À la mijoteuse

Dans une casserole, chauffer 250 ml (1 tasse) de lait avec le fromage à la crème jusqu'aux premiers bouillons. Retirer du feu et réserver. Égoutter le saumon. Retirer les arêtes et la peau. Dans un bol, mélanger le saumon avec la ciboulette, les carottes, le céleri et l'oignon. Assaisonner. Tapisser les parois de la mijoteuse avec une grande feuille de papier parchemin. Peler les pommes de terre et tailler en minces rondelles. Déposer la moitié des pommes de terre au fond de la mijoteuse. Napper avec la moitié de la sauce au fromage. Étaler uniformément la préparation au saumon sur les pommes de terre. Compléter avec le reste des pommes de terre et la sauce au fromage. Couvrir et laisser cuire à faible intensité de 5 à 6 heures ou de 3 à 4 heures à haute intensité, jusqu'à ce que les pommes de terre soient cuites. Au moment de servir, porter à ébullition les ingrédients de la sauce d'accompagnement. Répartir la sauce sur chaque portion.

Préparation : **30 minutes** • Cuisson : **15 minutes** • Quantité : **4 portions**
Une recette de **Ève Godin**, nutritionniste

Feuilletés de saumon aux épinards et feta

15 ml (1 c. à soupe)
d'huile d'olive
.....
125 ml (½ tasse) d'oignon haché
.....
1 sac d'épinards de 284 g,
parés, lavés et hachés
grossièrement
.....
1 gousse d'ail hachée finement
.....
1 œuf
.....

160 ml (⅔ de tasse)
de feta émiettée
.....
Sel et poivre au goût
.....
2 jaunes d'œufs
.....
10 ml (2 c. à thé) d'eau
.....
8 feuilles de pâte phyllo
.....
4 morceaux de saumon frais
d'environ 100 g (3,5 oz) chacun
.....

1. Préchauffer le four à 190 °C (375 °F). 2. Dans une casserole, chauffer l'huile à feu moyen et cuire l'oignon environ 4 minutes, jusqu'à ce qu'il soit tendre. 3. Ajouter les épinards et l'ail. Poursuivre la cuisson jusqu'à ce que les épinards soient tombés, environ 3 minutes. Au besoin, égoutter la préparation. 4. Incorporer l'œuf, la feta, le sel et le poivre. Attention à la quantité de sel ajouté : la feta est déjà salée.

5. Dans un petit bol, fouetter les jaunes d'œufs avec l'eau. 6. Superposer 2 feuilles de pâte phyllo sur le plan de travail et déposer un morceau de saumon au centre. Garnir de la préparation aux épinards. Répéter avec le reste des feuilles de pâte afin de former quatre feuilletés. 7. À l'aide d'un pinceau, badigeonner la surface des feuilles entourant la garniture avec la préparation de jaunes d'œufs. Retirer l'équivalent

de 2 cm (¾ de po) sur le pourtour des feuilles de pâte puis fermer en portefeuille en repliant les bouts sous le saumon pour que la garniture soit sur le dessus. 8. Déposer sur une plaque de cuisson tapissée d'une feuille de papier parchemin. 9. Badigeonner le dessus des feuilletés avec le reste de jaunes d'œufs. 10. Cuire au four environ 15 minutes, jusqu'à ce que les feuilletés soient dorés.

J'aime parce que...

C'est un saumon Wellington en version allégée !

Une portion de la recette classique de saumon Wellington, avec sa farce crémeuse de champignons et sa croûte de pâte feuilletée, contient plus de 900 calories et entre 45 et 65 grammes de lipides, sans compter les calories de la traditionnelle sauce au vin blanc qui l'accompagne ! Ici, en utilisant la pâte phyllo et en substituant des épinards et de la feta aux champignons et à la crème, on diminue de moitié les calories tout en ne faisant aucune économie sur le goût ! Ces feuilletés de saumon comptent 429 calories et 21 grammes de matières grasses par portion.

Préparation : **25 minutes** • Cuisson : **20 minutes** • Quantité : **4 portions**

Pâtés feuilletés de saumon aux cinq légumes

2 carottes

1 branche de céleri

1 oignon

10 champignons

3 pommes de terre épluchées

80 ml (⅓ de tasse) de beurre

80 ml (⅓ de tasse) de farine

500 ml (2 tasses) de fumet de poisson

30 ml (2 c. à soupe) d'huile d'olive

125 ml (½ tasse) de crème à cuisson 15 %

450 g (1 lb) de saumon, coupé en dés

30 ml (2 c. à soupe) de basilic frais émincé

Sel et poivre au goût

1 paquet de pâte feuilletée du commerce d'environ 400 g

1 jaune d'œuf, battu et dilué dans un peu d'eau froide

1. Préchauffer le four à 205 °C (400 °F). **2.** Couper les légumes en dés. **3.** Dans une casserole, faire fondre le beurre à feu moyen. Ajouter la farine en remuant. Cuire 1 minute sans colorer la farine. Verser le fumet. Porter à ébullition sans cesser de fouetter. **4.** Dans une poêle, chauffer l'huile à feu moyen. Faire revenir les légumes quelques minutes. Ajouter les légumes à la béchamel avec la crème, le saumon et le basilic. Assaisonner et remuer. **5.** Répartir cette préparation dans un plat allant au four de 25 cm x 20 cm (10 po x 8 po). **6.** Abaisser la pâte feuilletée en un rectangle suffisamment grand pour couvrir le plat. **7.** Badigeonner les bords du plat avec un peu de jaune d'œuf et y déposer la pâte. Presser les bords afin qu'ils adhèrent au plat et pratiquer quelques incisions sur la pâte. Badigeonner le dessus de la pâte avec du jaune d'œuf. **8.** Cuire au four de 20 à 25 minutes.

Préparation : **30 minutes** • Cuisson : **45 minutes** • Quantité : **6 portions**

Pâté au flétan
si différent

2 branches de céleri
.....
1 carotte
.....
1 oignon
.....
3 pommes de terre
.....
500 ml (2 tasses) de lait
.....
Sel et poivre au goût
.....

80 ml (⅓ de tasse) de beurre
.....
80 ml (⅓ de tasse) de farine
.....
450 g (1 lb) de filets de flétan,
coupés en cubes
.....
30 ml (2 c. à soupe) de ciboulette
fraîche hachée
.....

30 ml (2 c. à soupe)
d'aneth frais haché
.....
500 g (environ 1 lb)
de pâte à tarte
.....
1 jaune d'œuf battu
avec un peu d'eau
.....

1. Couper les légumes en dés et déposer dans une casserole. **2.** Verser le lait, assaisonner et porter à ébullition. Dès les premiers frémissements, retirer du feu. Filtrer en réservant le lait de cuisson et les légumes. **3.** Dans une casserole, faire fondre le beurre et incorporer la farine. Cuire de 1 à 2 minute(s) en remuant, sans colorer la farine. Verser le lait de cuisson en fouettant et porter à ébullition. **4.** Ajouter le flétan, les légumes et les fines herbes. Remuer délicatement. Retirer du feu et laisser tiédir. **5.** Diviser la pâte en deux. Abaisser en deux cercles : un de 20 cm (8 po) et un de 25 cm (10 po). **6.** Préchauffer le four à 205 °C (400 °F). **7.** Déposer la plus grande abaisse au fond d'une assiette à tarte de 20 cm (8 po). Répartir uniformément la préparation au flétan dans l'assiette. Badigeonner les rebords avec le jaune d'œuf. Couvrir avec la seconde abaisse. Presser les bords afin de bien sceller les pâtes ensemble. Pratiquer quelques incisions sur la pâte du dessus. Badigeonner le dessus de jaune d'œuf. Cuire au four 45 minutes.

Préparation : **35 minutes** • Cuisson : **30 minutes** • Quantité : **de 4 à 6 portions**

Pâté feuilleté
aux crevettes et pangasius

POUR LA GARNITURE :

500 ml (2 tasses)
de fumet de poisson

1 sac de crevettes
moyennes (31/40) de 340 g,
crues et décortiquées

340 g (¾ de lb) de pangasius,
coupé en cubes

500 ml (2 tasses)
de champignons émincés

60 ml (¼ de tasse) de beurre

5 ml (1 c. à thé) de curcuma

60 ml (¼ de tasse) de farine

125 ml (½ tasse) de crème
à cuisson 15 %

45 ml (3 c. à soupe) de ciboulette
fraîche hachée

30 ml (2 c. à soupe)
de basilic frais émincé

Sel et poivre au goût

POUR LA PÂTE :

250 g de pâte feuilletée

1 jaune d'œuf battu
avec un peu d'eau

1. Dans une casserole, porter à ébullition le fumet de poisson en le chauffant à feu moyen. 2. Ajouter les crevettes, le poisson et les champignons puis porter de nouveau à ébullition. 3. Filtrer le bouillon. Réserver séparément le bouillon et la garniture. 4. Dans une autre casserole, faire fondre le beurre à feu moyen. Incorporer le curcuma puis la farine. Cuire 1 minute en remuant. Verser le bouillon puis porter à ébullition en fouettant. 5. Ajouter la crème, les fines herbes, la garniture réservée, le sel et le poivre. 6. Verser la préparation dans un plat à gratin carré de 20 cm (8 po). 7. Préchauffer le four à 190 °C (375 °F). 8. Abaisser la pâte en un carré de 22,5 cm (9 po) puis percer un trou de 2 cm (¾ de po) en son centre. Badigeonner la pâte et le pourtour du plat de jaune d'œuf. Déposer la pâte, côté badigeonné dessus, sur le plat de cuisson. 9. Cuire au four de 30 à 35 minutes, jusqu'à ce que la pâte soit dorée.

Préparation : **25 minutes** • Cuisson : **25 minutes** • Quantité : **de 4 à 6 portions**

Pâté gratiné au thon à la florentine

5 grosses pommes de terre, pelées et coupées en cubes
.....
60 ml (¼ de tasse) de beurre
.....
2 oignons hachés
.....
80 ml (⅓ de tasse) de farine
.....
560 ml (2 ¼ tasses) de lait
.....
2 boîtes de thon dans l'eau de 170 g chacune, égoutté
.....
1 boîte de champignons émincés de 284 ml
.....
250 ml (1 tasse) d'épinards surgelés, décongelés
.....
Sel et poivre au goût
.....
250 ml (1 tasse) de mozzarella râpée
.....

1. Dans une casserole d'eau bouillante salée, cuire les pommes de terre. Égoutter, remettre dans la casserole et réserver. 2. Préchauffer le four à 190 °C (375 °F). 3. Dans une autre casserole, faire fondre le beurre à feu moyen. Faire dorer les oignons de 2 à 3 minutes. Saupoudrer de farine. Remuer et cuire de 1 à 2 minute(s), sans colorer la farine. Verser 500 ml (2 tasses) de lait en fouettant. Chauffer jusqu'aux premiers frémissements en fouettant continuellement. 4. Incorporer le thon, les champignons, les épinards et l'assaisonnement. Transférer la préparation dans un plat allant au four de 22,5 cm x 18 cm (9 po x 7 po). 5. Réduire les pommes de terre en purée avec le reste du lait. Assaisonner. 6. Couvrir la préparation de purée de pommes de terre. Égaliser la surface et saupoudrer de fromage. Cuire au four environ 25 minutes, jusqu'à ce que le dessus soit gratiné.

Pâtes à bâbord

Qui dit pâtes dit tomate, non ?
Non ! Pour faire souffler un vent
de renouveau sur vos plats
de pâtes, rien de mieux qu'un
savoureux poisson comme
le saumon ou la truite. Nappées
de sauce ou d'un filet d'huile
d'olive, avec un zeste de citron,
des câpres, des herbes fraîches
ou un bon fromage, les pâtes
prennent l'air du large !

Préparation : **20 minutes** • Quantité : **4 portions**

Linguines sauce crémeuse au thon et tomates séchées

1 paquet de linguines de 350 g
.....
15 ml (1 c. à soupe) d'huile d'olive
.....
1 oignon rouge émincé
.....
10 ml (2 c. à thé) d'ail haché
.....
375 ml (1 ½ tasse) de mélange laitier pour cuisson 5 %
.....
2 boîtes de thon de 170 g chacune, égoutté
.....

125 ml (½ tasse) de tomates séchées émincées
.....
125 ml (½ tasse) de parmesan râpé
.....
45 ml (3 c. à soupe) de persil frais haché
.....
Sel et poivre au goût
.....

1. Dans une casserole d'eau bouillante salée, cuire les pâtes *al dente*. Égoutter. 2. Pendant ce temps, chauffer l'huile à feu moyen dans une autre casserole. Saisir l'oignon et l'ail de 1 à 2 minute(s). 3. Ajouter le mélange laitier, le thon, les tomates, le parmesan et le persil. Chauffer jusqu'aux premiers bouillons, puis incorporer les pâtes égouttées et l'assaisonnement. Chauffer de 1 à 2 minute(s) avant de servir.

J'aime parce que...

C'est une version allégée

Des sauces à base de crème, c'est bien bon, mais c'est riche en matières grasses. Pour conserver tout le bon goût de la crème sans ses défauts, tournez-vous vers le nouveau mélange laitier pour cuisson à 5 % de matières grasses. Il résiste bien à la chaleur, se mêle sans rechigner aux aliments acides ainsi qu'aux alcools et permet de concocter des sauces onctueuses avec moins de gras et de calories.

Préparation : **25 minutes** • Cuisson : **20 minutes** • Quantité : **4 portions**

Coquilles farcies
à la morue et ricotta

250 ml (1 tasse) de fumet
de poisson ou de bouillon
de légumes
.....
1 tige de thym
.....
Sel et poivre au goût
.....
450 g (1 lb) de filets de morue
.....
250 ml (1 tasse) de ricotta
.....

250 ml (1 tasse)
d'épinards émincés
.....
1 œuf
.....
16 coquilles géantes
.....
500 ml (2 tasses) de sauce tomate
.....
250 ml (1 tasse) de cheddar râpé
.....

1. Dans une casserole, porter à ébullition le fumet avec le thym et l'assaisonnement. **2.** Ajouter le poisson, couvrir et cuire à feu moyen de 5 à 8 minutes. Égoutter et effilocher le poisson. Réserver 10 minutes au frais. **3.** Pendant ce temps, cuire les pâtes *al dente* dans une casserole d'eau bouillante salée. Égoutter et laisser tiédir. **4.** Dans un bol, mélanger le poisson refroidi avec la ricotta, les épinards, l'œuf et l'assaisonnement. **5.** Préchauffer le four à 190 °C (375 °F). **6.** Farcir les coquilles avec la préparation au poisson. Verser la moitié de la sauce tomate dans un plat à gratin de 33 cm x 22,5 cm (13 po x 9 po) et y disposer les coquilles. Napper du reste de la sauce et parsemer de cheddar. Cuire au four 20 minutes.

J'aime avec...

Ciabattas gratinés

Mélanger 30 ml (2 c. à soupe) d'huile d'olive avec 30 ml (2 c. à soupe) de beurre fondu, 5 ml (1 c. à thé) d'ail haché et 30 ml (2 c. à soupe) de persil frais haché. Couper 2 petits ciabattas en deux et badigeonner du mélange. Parsemer de 60 ml ($\frac{1}{4}$ de tasse) de parmesan râpé. Gratiner au four à la position « gril » (*broil*).

Préparation : **15 minutes** • Cuisson : **20 minutes** • Quantité : **4 portions**

Gratin de medaglionis aux deux saumons

2 paquets de medaglionis ou
de raviolis de 350 g chacun
.....
15 ml (1 c. à soupe) d'huile d'olive
.....
1 oignon haché
.....
10 champignons émincés
.....
375 ml (1 ½ tasse) de lait
.....
2 paquets de fromage
à la crème au saumon fumé
de 250 g chacun
.....

Sel et poivre au goût
.....
1 paquet de filets de saumon
surgelé de 400 g, coupés en dés
.....
1 paquet de saumon fumé
de 140 g, émincé
.....
30 ml (2 c. à soupe)
de basilic frais haché
.....
250 ml (1 tasse) de fromage
mozzarella, cheddar
ou gruyère râpé
.....

1. Dans une casserole d'eau bouillante salée, cuire les pâtes *al dente*. Égoutter et réserver.
2. Préchauffer le four à 205 °C (400 °F). 3. Dans la même casserole, chauffer l'huile à feu moyen. Faire dorer l'oignon et les champignons.
4. Ajouter le lait, le fromage à la crème et l'assaisonnement. Porter à ébullition en remuant, jusqu'à ce que le fromage fonde. Retirer du feu. Incorporer le reste des ingrédients, à l'exception du fromage. 5. Verser la préparation dans un plat à gratin. Parsemer de fromage râpé. Cuire au four de 20 à 30 minutes.

J'aime parce que...

C'est pratique, les filets surgelés !

Les filets de poisson surgelés ont bien changé. Oui, l'ère des poissons noyés sous la panure est bel et bien révolue ! On trouve aujourd'hui d'excellents filets nature et sans peau, donc prêts à l'emploi. Le rayon des surgelés du supermarché propose plusieurs variétés tels la sole, l'aiglefin, le saumon du Pacifique, le tilapia, le pangasius, la morue, le mahi-mahi et le flétan de l'Alaska. Il s'agit d'une bonne solution « gain de temps » pour les soirs de semaine. Il suffit de placer les filets le matin au réfrigérateur pour la décongélation.

Préparation : **12 minutes** • Marinage : **12 heures** • Cuisson : **15 minutes** • Quantité : **4 portions**

Rotinis à la truite

15 ml (1 c. à soupe)
de basilic frais émincé
.....
2 gousses d'ail hachées
.....
15 ml (1 c. à soupe)
de persil frais haché
.....
340 g (¾ de lb)
de filets de truite
.....

1 paquet de rotinis de 500 g
.....
20 pois mange-tout
.....
1 poivron jaune
.....
10 asperges
.....
30 ml (2 c. à soupe)
d'huile d'olive
.....

8 oignons perlés,
coupés en deux
.....
2 oignons verts
.....
Sel au goût
.....
Piments forts
émincés au goût
.....

1. La veille, mélanger le basilic avec l'ail et le persil dans un bol. Ajouter la truite et laisser mariner au frais. **2.** Le lendemain, cuire les pâtes *al dente* dans une casserole d'eau bouillante salée. Égoutter. **3.** Émincer les pois mange-tout, le poivron et les asperges. **4.** Dans une poêle, chauffer la moitié de l'huile à feu moyen. Saisir les filets de truite de 3 à 4 minutes de chaque côté.

5. Dans une autre poêle, chauffer le reste de l'huile à feu moyen. Faire colorer les oignons perlés. Ajouter les légumes et cuire *al dente*. Incorporer les pâtes et réchauffer de 1 à 2 minute(s). Ajouter les oignons verts, le sel et les piments forts. **6.** Tailler la truite en tranches. Répartir les pâtes dans les assiettes et garnir chacune des portions de tranches de truite.

Préparation : **15 minutes** • Cuisson : **20 minutes** • Quantité : **4 portions**

Cannellonis gratinés au saumon

400 g (environ 1 lb) de saumon
coupé en dés ou 500 ml (2 tasses)
de saumon cuit et émietté
.....
1 sac d'épinards surgelés de 500 g,
décongelés et égouttés
.....
½ contenant de ricotta de 475 g
.....
1 œuf battu
.....

Sel et poivre au goût
.....
6 feuilles de lasagne fraîches
.....
625 ml (2 ½ tasses)
de sauce tomate
.....
375 ml (1 ½ tasse)
de mozzarella râpée
.....

1. Préchauffer le four à 205 °C
(400 °F). **2.** Dans un bol, mélanger
le saumon avec les épinards, la
ricotta et l'œuf. Saler et poivrer.
3. Couper les lasagnes en trois sur
la longueur. À la base des lasagnes,
répartir la farce et rouler. **4.** Dans
un plat à gratin, verser la moitié
de la sauce et déposer les cannellonis, joint dessous. Ajouter le reste
de la sauce et la mozzarella. Couvrir
d'une feuille de papier d'aluminium
et cuire au four de 15 à 20 minutes.
5. Retirer la feuille de papier d'aluminium et prolonger la cuisson de
5 minutes.

Préparation : **10 minutes** • Cuisson : **10 minutes** • Quantité : **4 portions**

Farfalles à la mousse de saumon et câpres

1 paquet de farfalles
au blé entier de 340 g
.....
2 paquets de truite fumée
de 60 g chacun
.....

2 contenants de mousse
au saumon fumé de 130 g chacun
.....
30 ml (2 c. à soupe)
de câpres, égouttées
.....
375 ml (1 ½ tasse) de roquette
.....

1. Dans une casserole d'eau bouillante salée, cuire les pâtes *al dente*. Égoutter et remettre dans la casserole. **2.** Couper la truite en morceaux. **3.** Dans la casserole, ajouter la mousse au saumon fumé, les câpres et la truite fumée. Bien mélanger. **4.** Répartir la roquette dans les assiettes et garnir de la préparation aux pâtes.

Préparation : **20 minutes** • Cuisson : **35 minutes** • Quantité : **de 4 à 6 portions**
Une recette de **Marthe Fleury**

Lasagne au thon

1 oignon haché
.....
1 poivron rouge en dés
.....
2 branches de céleri hachées
.....
15 ml (1 c. à soupe)
d'huile d'olive
.....
1 gousse d'ail hachée
.....
1 boîte de tomates
en dés de 796 ml
.....

1 boîte de champignons
tranchés de 284 ml
.....
2 boîtes de thon dans l'eau
de 170 g chacune, égoutté
.....
Piment fort au goût
.....
Sel et poivre au goût
.....
Environ 6 lasagnes fraîches
.....
Cheddar pour gratiner, au goût
.....

1. Dans une casserole, faire revenir l'oignon avec le poivron et le céleri dans l'huile d'olive, jusqu'à ce que l'oignon soit transparent. **2.** Ajouter l'ail, les tomates, les champignons, le thon, le piment fort, le sel et le poivre. **3.** Préchauffer le four à 205 °C (400 °F). **4.** Étaler un peu de préparation dans le fond d'un plat de cuisson et étager comme une lasagne traditionnelle. Terminer avec la préparation aux tomates et une couche de fromage. **5.** Cuire au four de 35 à 40 minutes.

Préparation : **10 minutes** • Cuisson : **10 minutes** • Quantité : **4 portions**

Fettucines
au saumon et citron

1 paquet de fettucines de 450 g
.....
30 ml (2 c. à soupe) d'huile d'olive
.....
1 oignon haché
.....
15 ml (1 c. à soupe) d'ail haché
.....
30 ml (2 c. à soupe)
de zestes de citron
.....

60 ml (¼ de tasse) de vin blanc
ou de bouillon de légumes
.....
375 ml (1 ½ tasse) de crème
à cuisson 15 %
.....
400 g (environ 1 lb) de filets
de saumon, la peau enlevée
et coupés en cubes
.....

125 ml (½ tasse)
de parmesan râpé
.....
30 ml (2 c. à soupe)
de ciboulette fraîche hachée
.....
Sel et poivre au goût
.....

1. Dans une casserole d'eau bouillante salée, cuire les pâtes *al dente*. Égoutter. 2. Pendant ce temps, préparer la sauce. Dans une grande casserole, chauffer l'huile à feu moyen. Faire dorer l'oignon 1 minute. 3. Ajouter l'ail, les zestes et le vin blanc. Laisser mijoter de 2 à 3 minutes, jusqu'à ce que le liquide ait réduit de moitié. Verser la crème et porter à ébullition. 4. Ajouter le saumon, le parmesan et la ciboulette. Laisser mijoter à découvert de 4 à 5 minutes à feu doux. 5. Ajouter les pâtes. Prolonger la cuisson de 1 à 2 minute(s).

Préparation : **15 minutes** • Cuisson : **5 minutes** • Quantité : **4 portions**

Lasagnettes
au saumon fumé

4 feuilles de lasagne
.....
250 ml (1 tasse) de feta émiettée
.....
1 contenant de bocconcinis
de 250 g, émincés
.....
15 ml (1 c. à soupe)
de ciboulette fraîche hachée
.....

15 ml (1 c. à soupe)
d'aneth frais haché
.....
Sel et poivre au goût
.....
30 ml (2 c. à soupe) de beurre
.....
1 sac d'épinards de 170 g
.....
12 tranches de saumon fumé
.....

1. Dans une casserole d'eau bouillante salée, cuire les lasagnes *al dente*. Égoutter et déposer sur un linge. 2. Pendant ce temps, mélanger la feta avec les bocconcinis et les fines herbes dans un bol. Saler et poivrer. 3. Dans une poêle, faire fondre le beurre à feu moyen. Cuire les épinards dans le beurre de 3 à 4 minutes. 4. Couper chacune des feuilles de lasagne en trois. Sur une feuille, déposer une tranche de saumon fumé, quelques épinards et un peu de mélange de fromage aux fines herbes. Répéter deux fois afin de créer trois étages. Couvrir de fromage et faire gratiner au four environ 5 minutes à la position «gril» (*broil*).

Sandwichs sans routine

Oubliez les sempiternels filets panés ! Le poisson ne demande qu'à être mangé avec les doigts, que ce soit en sandwich, en panini, en pizza ou même en burger ! Rien de mieux que le saumon pour sortir de l'habituel jambon-fromage !

Préparation : **15 minutes** • Cuisson : **5 minutes** • Quantité : **4 portions**
Une recette de **Marie-France Desrosiers,** chef cuisinière

Wraps de tilapia à la mangue et au chèvre, salsa de tomates et coriandre à la bière

3 tomates italiennes
.....
1 oignon rouge moyen
.....
1 botte de coriandre fraîche
.....
250 ml (1 tasse) de bière blonde
.....
175 g de fromage de chèvre
(de type Chèvre des Neiges)
.....

75 ml (5 c. à soupe) de crème
champêtre 15 %
.....
Sel et poivre au goût
.....
1 paquet de courgettes
grillées (de type « Antipasto »
de Sardo) de 160 g
.....

2 mangues bien mûres
.....
2 avocats bien mûrs
.....
2 filets de tilapia frais
.....
8 tortillas
.....
750 ml (3 tasses) de jeunes
pousses de roquette
.....

1. Trancher les tomates en rondelles. Émincer l'oignon. Laver, égoutter, effeuiller et ciseler la coriandre. Déposer les tomates, l'oignon et la coriandre dans un bol. Verser la bière et laisser macérer environ 10 minutes. **2.** Dans le contenant du mélangeur, déposer le fromage de chèvre. Verser la crème et mélanger. Saler et poivrer. **3.** Éponger l'huile des courgettes avec du papier absorbant. Couper les mangues et les avocats en julienne de 0,5 cm ($\frac{1}{4}$ de po) d'épaisseur. Couper le tilapia sur la longueur en bâtonnets d'environ 1 cm ($\frac{1}{2}$ po) d'épaisseur. Saler et poivrer. **4.** Dans une poêle, chauffer 30 ml (2 c. à soupe) d'huile d'olive à feu moyen-élevé. Faire dorer les bâtonnets de tilapia. Diminuer l'intensité du feu et cuire de 2 à 3 minutes à feu moyen. **5.** Égoutter la salsa de tomates et coriandre. Tartiner les tortillas de la préparation au fromage de chèvre. Garnir de bâtonnets de tilapia, de roquette, d'avocats, de mangues, de courgettes et de salsa. Rouler les tortillas en serrant bien.

J'aime aussi...

Transformer la marinade en caramel

Un bon truc du chef : conservez la marinade de la salsa. Mélangez-la avec un peu de sucre et faites-la cuire à feu doux-moyen. Vous obtiendrez un caramel de bière, tomates et coriandre dont vous pourrez tartiner votre prochain sandwich. Autre délicieuse option : incorporez ce caramel original à votre vinaigrette ou directement dans une salade de roquette.

Préparation : **8 minutes** • Cuisson : **4 minutes** • Quantité : **4 portions**

Paninis au saumon fumé et roquette

....

4 paninis
. . . .
½ contenant de fromage
à la crème à l'ail et
aux herbes de 250 g
. . . .
500 ml (2 tasses) de roquette
. . . .
2 paquets de saumon fumé
de 120 g chacun
. . . .
½ oignon rouge coupé
en fines rondelles
. . . .

1. Préchauffer le gril à panini à puissance moyenne-élevée. **2.** Trancher les paninis en deux sur l'épaisseur. Tartiner l'intérieur des pains avec le fromage à la crème. Garnir de roquette, de saumon fumé et de rondelles d'oignon. **3.** Fermer les paninis et les déposer sur la plaque. Fermer le gril et cuire environ 4 minutes. **Cuisson dans la poêle :** beurrer ou huiler l'extérieur des pains. Cuire dans une poêle striée en pressant les sandwichs avec une spatule. Retourner les sandwichs lorsque le pain dore.

J'aime parce que...

La roquette, ça met du piquant !

Les Italiens raffolent de la roquette et, chez nous, il s'agit d'une véritable star montante du bol à salade ! À maturité, la roquette (aussi connue sous son nom anglais d'*arugula*) dévoile une légère amertume et un goût piquant qui rappellent le radis. Les feuilles plus jeunes laissent percevoir des notes de poivre, de noisette et de cresson. Consommez la roquette sans trop tarder, car ses feuilles frêles ont tendance à s'abîmer rapidement.

Préparation : **10 minutes** • Cuisson : **10 minutes** • Quantité : **4 portions**

Saumon au lait de coco

½ boîte de lait de coco de 400 ml
.....
10 ml (2 c. à thé) de cari
.....
15 ml (1 c. à soupe)
de gingembre haché
.....

5 ml (1 c. à thé) d'ail haché
.....
Sel et poivre au goût
.....
450 g (1 lb) de filet de saumon,
la peau enlevée
.....

1. Préchauffer le four à 205 °C (400 °F). **2.** Dans un bol, mélanger le lait de coco avec le cari, le gingembre et l'ail. Assaisonner. **3.** Déposer le saumon dans un plat de cuisson et napper de la préparation au lait de coco. **4.** Cuire au four de 10 à 15 minutes.

Préparation : **10 minutes** • Quantité : **4 portions**

Sandwichs au saumon, sauce au cari

1 contenant de ricotta
de 250 g
.....
15 ml (1 c. à soupe)
d'aneth frais haché
.....
30 ml (2 c. à soupe)
de ciboulette fraîche hachée
.....
15 ml (1 c. à soupe) de cari
.....

Sel et poivre au goût
.....
8 tranches de pain
de grains entiers
.....
1 recette de saumon au lait
de coco (voir ci-dessus)
.....
Quelques feuilles
de laitue frisée
.....

1. Dans un bol, mélanger la ricotta avec l'aneth, la ciboulette et le cari. Assaisonner. **2.** Tartiner les tranches de pain avec la préparation. Garnir de saumon au lait de coco émietté et de feuilles de laitue.

Préparation : **15 minutes** • Cuisson : **15 minutes** • Quantité : **4 portions**

Hamburgers au poisson

2 filets d'aiglefin de 300 g
(²⁄₃ de lb) chacun
.....
80 ml (⅓ de tasse) de mayonnaise
.....
5 ml (1 c. à thé) d'ail haché
.....
POUR L'ENROBAGE :
125 ml (½ tasse)
de chapelure nature
.....
60 ml (¼ de tasse)
de germe de blé
.....

30 ml (2 c. à soupe)
de persil frais haché
.....
10 ml (2 c. à thé)
d'épices à poisson
.....
POUR LA SAUCE TARTARE :
125 ml (½ tasse) de mayonnaise
.....
30 ml (2 c. à soupe)
de persil frais haché
.....

15 ml (1 c. à soupe) de relish
.....
10 ml (2 c. à thé)
de câpres hachées
.....
POUR LES BURGERS :
4 pains à hamburger
.....
Quelques feuilles
de laitue émincées
.....

1. Couper chaque filet d'aiglefin en deux sur la largeur. **2.** Préchauffer le four à 230 °C (450 °F). **3.** Préparer deux assiettes creuses. Dans la première, mélanger la mayonnaise avec l'ail. Dans la deuxième, mélanger les ingrédients de l'enrobage. Tremper les filets dans la mayonnaise en les retournant pour bien les enrober. Paner les filets avec l'enrobage croustillant. **4.** Huiler une plaque de cuisson et la faire chauffer au four 5 minutes. **5.** Déposer les filets sur la plaque et cuire au four de 15 à 20 minutes, en retournant les filets à mi-cuisson. **5.** Pendant ce temps, préparer la sauce tartare en mélangeant ensemble les ingrédients. **6.** Garnir les pains d'un filet de poisson, de laitue émincée et de sauce tartare.

Préparation : **15 minutes** • Cuisson : **15 minutes** • Quantité : **4 portions**

Pizzas au saumon fumé
sur pain naan

4 pains naan
.....
250 ml (1 tasse) de sauce tomate
et basilic du commerce
ou sauce à pizza
.....
2 oignons verts émincés
.....
1 paquet de saumon fumé
de 140 g, émincé
.....

1 fromage de chèvre
(de type Capriny) de 100 g
.....
15 ml (1 c. à soupe)
de câpres, égouttées
.....
45 ml (3 c. à soupe)
d'aneth frais haché
.....
30 ml (2 c. à soupe) d'huile d'olive
.....

1. Préchauffer le four à 205 °C (400 °F). **2.** Déposer les pains naan sur une plaque de cuisson. Étaler la sauce tomate sur les pains puis les garnir d'oignons verts, de saumon, de fromage de chèvre, de câpres et d'aneth. **3.** Arroser chaque pizza avec l'huile et cuire au four 15 minutes.

Préparation : **12 minutes** • Cuisson : **15 minutes** • Quantité : **2 pizzas de 25 cm (10 pouces)**

Pizzas au saumon

450 g (1 lb) de filet de saumon
.....
30 ml (2 c. à soupe)
de persil frais haché
.....
30 ml (2 c. à soupe)
d'aneth frais haché
.....
Sel et poivre concassé au goût
.....

450 g (1 lb) de pâte à pizza
.....
250 ml (1 tasse) de sauce à pizza
.....
250 ml (1 tasse)
de pleurotes émincés
.....
12 asperges
.....
20 mini-bocconcinis
.....

125 ml (½ tasse) de crème sure
.....
10 ml (2 c. à thé) de wasabi
.....
30 ml (2 c. à soupe)
de ciboulette fraîche hachée
.....
2 citrons (zeste)
.....

1. Couper le saumon en cubes. 2. Déposer dans un bol et mélanger avec les fines herbes. Saler et poivrer. 3. Préchauffer le four à 205 °C (400 °F). 4. Abaisser la pâte en deux cercles de 25 cm (10 po). Déposer sur une plaque de cuisson tapissée d'une feuille de papier parchemin ou sur des plaques à pizza. Napper les pâtes de sauce. Garnir de saumon, de pleurotes, d'asperges et de bocconcinis. 5. Dans un bol, mélanger la crème sure avec le wasabi, la ciboulette et le zeste de citron. 6. Cuire au four de 15 à 20 minutes. À mi-cuisson, napper les morceaux de saumon du mélange à la crème sure.

Préparation : **15 minutes** • Cuisson : **6 minutes** • Quantité : **4 portions**
Recette et photo : **Fédération des producteurs acéricoles du Québec**

Burgers de saumon, sauce à l'érable

4 pains hamburger de blé entier
.....

POUR LA SAUCE À L'ÉRABLE :
80 ml (⅓ de tasse)
de fromage blanc frais
(de type quark ou Damablanc)
.....
30 ml (2 c. à soupe)
de sirop d'érable
.....
15 ml (1 c. à soupe)
de moutarde de Dijon
.....

POUR LES BURGERS :
450 g (1 lb) de filet de saumon,
la peau enlevée et haché
.....
30 ml (2 c. à soupe)
d'oignons verts hachés
.....
30 ml (2 c. à soupe)
de parmesan râpé
.....
30 ml (2 c. à soupe)
de sirop d'érable
.....

30 ml (2 c. à soupe)
de persil frais haché
.....
15 ml (1 c. à soupe)
de câpres hachées
.....
10 ml (2 c. à thé)
de moutarde de Dijon
.....
1 gousse d'ail hachée
.....
Sel et poivre
du moulin au goût
.....

1. Mélanger tous les ingrédients de la sauce à l'érable. Réserver au frais. 2. Préchauffer le gril du barbecue ou le four à 220 °C (425 °F). 3. Dans un bol, mélanger tous les ingrédients des burgers. Façonner quatre galettes de saumon de la grosseur des pains. 4. Pour une cuisson sur le gril, placer les galettes sur une feuille de papier d'aluminium. Pour une cuisson au four, disposer les galettes sur une plaque de cuisson recouverte de papier parchemin. Cuire de 6 à 10 minutes, en retournant les galettes une seule fois. 5. Réchauffer les pains. Garnir de sauce à l'érable et compléter avec quelques légumes.

Index des recettes

Entrées et soupe

Aumônières de truite saumonée 24

Bouchées de poissons fumés sur blinis 20

Chaudrée de maïs et saumon 23

Mille-feuilles de truite 22

Mini-rouleaux à l'asiatique 18

Rillettes aux deux saumons 25

Tomates au saumon fumé et asperges 16

Plats principaux

SAUMON

Brochettes de saumon wasabi 48

Burgers de saumon, sauce à l'érable 161

Cannellonis gratinés au saumon 145

Carpaccio de saumon 72

Ceviche de saumon en salade 77

Darnes de saumon aux tomates séchées 44

Farfalles à la mousse de saumon et câpres 146

Fettucines au saumon et citron 148

Feuilletés de saumon aux épinards et feta 130

Filet de saumon au gratin de cheddar et goberge 38

Filets de saumon en croûte de sésame et amandes 39

Filets de saumon, sauce au vinaigre balsamique et érable 42

Gratin de medaglionis aux deux saumons 142

Gravlax de saumon 70

Lasagnettes au saumon fumé 149

Œufs bénédictine au saumon fumé sur röstis 36

Paninis au saumon fumé et roquette 154

Papillotes de saumon au brie 40

Pâté au saumon étagé 128

Pâtés feuilletés de saumon aux cinq légumes 132

Pavés de saumon aux crevettes et fromage en grains 34

Pavés de saumon marinés 32

Pizzas au saumon 160

Pizzas au saumon fumé sur pain naan 159

Sandwichs au saumon, sauce au cari 156

Saumon à la dijonnaise 28

Saumon au lait de coco 156

Saumon au velouté de champignons 30

Saumon aux poires caramélisées 49

Saumon sur planche de cèdre 45

Stratta au saumon et légumes 43

Tartiflette au saumon et poireaux 46

SOLE

Étagé de sole trois couleurs 64

Filets de sole à la crème de poivrons et champignons 63

Filets de sole à la provençale 52

Filets de sole amandine 58

Filets de sole aux tomates et fines herbes 65

Filets de sole moutarde et abricot 62

Fish'n chips « santé » 56

Papillotes de sole sur lit d'épinards et champignons 60

Roulades de sole au saumon fumé 59

Roulés de sole aux crevettes 61

Turbans de sole et coulis de poivrons grillés 54

THON

Carpaccio de thon 72

Ceviche de thon 76

Lasagne au thon 147

Linguines sauce crémeuse au thon et tomates séchées 138

Pâté gratiné au thon à la florentine 135

Quiche provençale au thon, tomates séchées et fromage Le Calumet 80

Salade de thon aux pommes et pois chiches 89

Steaks de thon à l'asiatique 82

Steaks de thon mi-cuits, salsa à l'ananas et mangue 84

Tartare de thon sur croustillants de wonton 68

Thon à la sicilienne 86

Tortilla au thon et salade 88

TILAPIA

Filets de tilapia en croûte à la sicilienne 94

Filets de tilapia en croûte de pommes de terre 105

Gratin de la mer et purée de pommes de terre au céleri-rave 98

Tilapia à la florentine, sauce au chèvre 103

Tilapia à la milanaise 96

Tilapia à la thaï 100

Tilapia au pesto de tomates et roquette 104

Tilapia aux légumes, sauce dijonnaise à l'ail 102

Tilapia en papillote aux légumes asiatiques 92

Wraps de tilapia à la mangue et au chèvre, salsa de tomates et coriandre à la bière 152

TRUITE

Coulibiac de truite et légumes 126

Rotinis à la truite 144

Salade de pommes de terre à la truite fumée et sarriette 47

Tacos à la truite saumonée et salsa fruitée 41

Tartare de truites aux pistaches 74

MÉLI-MÉLO DE POISSONS

Aiglefin pané aux pacanes 116

Cari de lotte aux bananes et arachides 114

Carpaccio de mahi-mahi 72

Coquilles farcies à la morue et ricotta 140

Filets de turbot à l'asiatique 122

Filets de vivaneau pochés aux poivrons et tomates 123

Flétan bardé au bacon 121

Hamburgers au poisson 158

Mahi-mahi croustillant à la noix de coco et sa salsa d'ananas 110

Morue à la sicilienne 117

Morue pochée et ses petits légumes 118

Pangasius à la sauce hollandaise 108

Pangasius, sauce fromagée et gremolata 120

Pâté au flétan si différent 133

Pâté feuilleté aux crevettes et pangasius 134

Pavés de flétan à saveur exotique 112

Steaks de marlin en croûte de sésame 119

Turbot grillé au yogourt, citron et menthe 115

Accompagnements

Choux de Bruxelles grillés au four 28

Ciabattas gratinés 140

Courge spaghetti et sauce tomate 94

Riz au jasmin aux zestes d'orange 82

Riz aux légumes 54

Riz citronné crémeux 34

Salade à l'asiatique 84

Salsa d'avocat et mangue 32

Sauce au poisson 18

Sauce tartare 56

Sauce tartare aux câpres 96